U0502496

数字化转型之路
数据科学和机器学习产品的实用交付指南

［英］亚历山大·博雷克（Alexander Borek）
［英］纳丁·普利尔（Nadine Prill） 著

王 冰 周明瑞 鲁 菲 译
董 敏 译审

中国科学技术出版社
·北 京·

图书在版编目（CIP）数据

数字化转型之路：数据科学和机器学习产品的实用交付指南 /
（英）亚历山大·博雷克，（英）纳丁·普利尔著；王冰，周明瑞，
鲁菲译 . -- 北京：中国科学技术出版社，2023.2
书名原文：Driving Digital Transformation through Data and AI: A Practical
Guide to Delivering Data Science and Machine Learning Products
ISBN 978-7-5046-8896-5

I. ① 数… II. ① 亚… ② 纳… ③ 王… ④ 周… ⑤ 鲁…
III. ①企业管理 – 数字化 – 研究 IV. ① F272.7

中国版本图书馆 CIP 数据核字（2020）第 211968 号

著作权合同登记号：01–2021–0168

策划编辑	王晓义　王　琳
责任编辑	王　琳
封面设计	孙雪骊
正文设计	中文天地
责任校对	张晓莉
责任印制	徐　飞

出　　版	中国科学技术出版社
发　　行	中国科学技术出版社有限公司发行部
地　　址	北京市海淀区中关村南大街16号
邮　　编	100081
发行电话	010–62173865
传　　真	010–62173081
网　　址	http://www.cspbooks.com.cn

开　　本	720mm×1000mm　1/16
字　　数	200千字
印　　张	15.5
版　　次	2023年2月第1版
印　　次	2023年2月第1次印刷
印　　刷	北京中科印刷有限公司
书　　号	ISBN 978-7-5046-8896-5 / F · 1085
定　　价	89.00元

中文版序

亲爱的读者：

　　本书被翻译成中文并在中国出版，我们激动的心情是难以言表的，因为中文是世界上使用人数最多的语言，而中国自改革开放以来在几十年内就成为全球经济增长的主要动力。在中国这惊人的历程里，一批成功的互联网公司开辟出了一片独立的领地，它们在业务中广泛使用数据和人工智能（AI），不断改进客户体验和业务。与美国或德国相比，中国互联网经济多年来占比较高，显示出创新在中国经济中的重要性。

　　21世纪的创新在世界范围内已经影响到了传统经济。那些在制造业、医疗、矿业、能源、汽车、零售业和建筑业等成熟行业体系中发展了几十年的公司，突然间掌握了强大的新数字技术。有了物联网和云技术，可以近乎实时地收集和处理来自传感器、摄像头、手机、医疗设备、机器和基础设施的无限数据。一个组织想要保持竞争力，跟上时代潮流，就要运用这些技术并在组织中推行文化和制度变革。

　　机器学习能够从海量数据中发现模式并得出具有实用价值的新洞见。机器学习可以预测消费者何时准备购买、设备何时需要维护、患者何时需要治疗等。然而，仅仅算法本身并不是解决方案。算法必须被整合到生产性软件中，成为可以在相关业务或客户工作流程中利用的数据产品。此外，企业需要改变其工作方式和业务流程，以充分利用数据和AI。

那些领先的数字化企业和传统企业是如何以数据和人工智能驱动自身的数字化转型的？这本书旨在总结它们的关键经验，并考虑到如何在数据产品的整个生命周期中对其进行管理，如何发展技术与组织能力，以及如何在所有行业中、在数字化的各种成熟度水平上，实现成功转型。

亚历山大·博雷克

纳丁·普利尔

2021 年 2 月 21 日于柏林

目 录

CONTENTS

01 简介 / 001

你可以从本书中获得什么 / 001

数据与 AI 主导的新竞技场 / 002

是什么让机器变得智能? / 008

数字玩家们如何利用机器学习获得优势? / 013

为什么许多数字化转型计划举步维艰? / 016

如何在组织中实现数据与 AI 规模化? / 022

小结 / 026

尾注 / 026

02 数据与 AI 的战略和愿景 / 028

规划战略和愿景的主要原则 / 028

重新规划企业战略和商业愿景 / 033

创建数据产品战略 / 041

衍生能力战略 / 048

开发转型战略 / 053

有关战略和愿景的经验教训 / 064

转型路线图模板 / 066

小结 / 067

尾注 / 067

03 数据产品设计 / 068

设计数据产品的主要原则 / 068

构思数据产品 / 072

设计数据产品 / 079

验证数据产品 / 086

有关数据产品设计的经验教训 / 095

数据产品设计清单 / 096

小结 / 097

尾注 / 098

04 数据产品交付 / 099

交付数据产品的主要原则 / 099

规划数据产品的交付 / 103

开发和部署数据产品 / 110

运营和推广数据产品 / 119

有关数据产品交付的经验教训 / 129

数据产品交付清单 / 130

小结 / 132

尾注 / 133

05 能力与敏捷组织 / 134

能力与敏捷组织的关键原则 / 134

确定数据与 AI 所需的核心能力 / 139

确定角色与责任，以落实能力建设 / 143

建立敏捷组织 / 150

实施和调整流程 / 157

有关能力与敏捷组织的经验教训 / 163

能力与敏捷组织清单 / 164

小结 / 166

尾注 / 166

06　技术与治理 / 167

技术与治理的主要原则 / 167

制定架构和开发标准 / 181

实施数据与 AI 治理 / 188

有关技术与治理的经验教训 / 201

技术与治理清单 / 203

小结 / 204

尾注 / 205

07　转型与文化 / 206

转型与文化的主要原则 / 206

创建数据与 AI 培育的文化 / 212

成功管理转型变革 / 218

实施战略与实现愿景 / 224

有关转型与文化的经验教训 / 231

转型与文化清单 / 235

小结 / 236

尾注 / 236

图

图 1.1　如何训练、测试和应用机器学习模型 / 012

图 1.2　数据与 AI 驱动数字化转型的四个角度 / 022

图 2.1　针对数据与 AI 规划战略和愿景的四个步骤 / 029

图 2.2　产品战略、能力战略与转型战略的关系 / 061

图 3.1　设计数据产品的三个阶段 / 069

图 4.1　交付数据产品的三个阶段 / 100

图 4.2　如何创建数据产品的功能需求 / 108

图 4.3　如何确定数据产品的非功能需求 / 109

图 5.1　建立能力与敏捷组织的四个阶段 / 135

图 5.2　跨职能的数据与 AI 敏捷组织的设置示例 / 153

图 5.3　数据与 AI 的流程 / 157

图 6.1　技术和治理的三个阶段 / 168

图 7.1　实现转型与营造文化的三个阶段 / 208

图 7.2　数据与 AI 将如何帮助整个组织转型 / 227

表

表 2.1　一家消费品公司的里程碑之间的依赖关系 ／ 063

表 2.2　一家消费品公司的转型路线图中的简明关系 ／ 064

表 2.3　转型路线图中的里程碑追踪模板 ／ 066

表 6.1　四种流行的 NoSQL 数据库类型的差异 ／ 175

表 7.1　数据与 AI 治理的条例、立法和准则实例 ／ 217

简　介

本章学习目标

- 了解本书的主旨
- 了解为什么下一波数字化转型是由数据与 AI 驱动的
- 了解数据科学和机器学习的基础知识
- 了解数字玩家们如何利用机器学习获得优势
- 了解哪些因素会阻碍我们在数据与 AI 领域获得成功
- 了解如何在组织中实现数据与 AI 规模化

你可以从本书中获得什么

网飞（Netflix）、亚马逊（Amazon）和优步（Uber）等世界领先的数字化企业已经在所有核心业务流程中实现了数据科学和机器学习的大规模应用，但许多组织却仍在举步维艰地探索这些技术的推广使用。本书正是针对这一问题的一项实用指南，其目标是让上述技术投资所承诺的价值在任何组织中都可以真正兑现。本书以创造价值可衡量的数据产品为重点，为你的公司重新规划战略和愿景，详细介绍了可确保公司在数据、AI 和数字化转型方面所做投资能够获得回报的最佳做法。书中循序渐进地阐述了如何制定有效的数据产品战略、如何创建数据产品设计和交付流程，以及如何在混合云环境下逐步完善必要能力、数字架构和数据平台。对于获得高级利益相关者的认同、通过跨职能团队打破组织孤岛以及将数据与 AI 教育作为推动转型的有力方法等方面的挑战，本书也着重进行了探讨。每一章都论及从业者的关键原则和方法，列举了常见错误，并做了案例研究，涵盖保险、时尚、消费品、金融、科技和汽车等行业。本书囊括了创立以数据和创新为主导的文化，以及通过充分的应变措施来支持数据产品的应用等重要问题，促进组织完成转型并在 AI 和数字化造就的颠覆性时代跻身前列。本书是为一般管理层、高级主管层、项目团队的领导以及数字、数据和分析部门的咨询师和从业人员编写的。对于侧重技术的读者来说，例如对工作中的战略部分感兴趣的数据科学家、架构师和软件开发人员，以及有志于通过数据与 AI 成功实现数字化转型的人，本书也有很好的参考价值。第一章将概述利用数据与 AI 推动数字化转型的一些基本趋势和概念，这也是本书其他章节的基础。

数据与 AI 主导的新竞技场

数据与 AI 引发了迄今为止最大的数字化颠覆浪潮

我们周围的世界正急剧地向数字化转变。越来越多的人在网上购物，网购的种类和数量也越来越多（包括汽车、杂货、保险、手表、轮船和房子）。他们用声田（Spotify）听流媒体音乐，小型光盘（又称 CD 光盘）成了过时品；他们在网飞上浏览视频，不再守着电视机；他们用爱彼迎（Airbnb）规划假期，用优步叫出租车；他们读书用 Kindle 阅读器，与朋友及外界联络用脸书（Facebook）、照片墙（Instagram）和推特（Twitter），安排日常约会用 Tinder 交友软件。所有这些数字平台、服务和产品都创造了大量的数据，从这些数据中可以挖掘出更多的价值。数字化转型的前两次浪潮主要围绕以软件带动的业务数字化，产品和服务的在线化，以及社交的虚拟化。我们这个世界的数字化和互联化程度越深，就有越多的数据可以用来充实和用于机器学习算法，让我们的机器变得更加智能。这就将我们领入了数字化转型的第三次浪潮，我们将其称为数据与 AI 驱动的数字化转型。

巨量计算方法在几年前还是天方夜谭，如今却已成为现实，推动着 AI 应用大踏步向前。其结果便是我们有了更智能的机器，在特定领域经过特定编程后，它们可以感知自身的状态和环境，与其他机器沟通，自发学习，解决复杂的问题，还常常自主行动。机器智能预计将成为未来几十年经济增长的主要动力，颠覆的程度甚至比上一波数字化转型的程度还要深。新的财富源头将从数据与 AI 的数字化转型中产生。麦肯锡全球研究院预测，到 2030 年，AI 将为世界经济带来 13 万亿美元的可观收益[1]。

这种发展的动力源泉正是计算能力的指数级增长、廉价的存储设备，以及因人与物之间日益增长的互联性而产生并储存的前所未有的巨量数据。2014 年，移动设备的数量首次超过了全球总人口数[2]。2019 年，平均每 60 秒谷歌上会有 380 万次搜索，网飞上被观看的视频总时长会达到 8.7 万小时，推特上会新建 35 万条推文，Tinder 上会滑屏 100 万次，多宝箱（Dropbox）云存储服务器上会上传 80 万份文件，讯佳普（Skype）通信软件上会进行 200 万分钟的通话，瓦次普（WhatsApp）通信应用程序上会分享 100 万张照片[3]。亚马逊网络服务（Amazon AWS）和微软云（Microsoft Azure）这样的云计算提供商，让每个人通过他们的云平台，只需点击几下就能以相对低的成本获得计算能力、海量存储和可扩展的现代信息技术基础设施。然而，如果没有数据来充实算法，即使拥有无限的计算能力也无济于事。

因此，数据已经成为一个组织的核心资产。拥有别人没有的战略相关数据，是一项巨大的差异化竞争优势。任何数字服务或数字产品都依赖于高质量的数据。例如，有了大量的出租车移动数据，优步才能告诉用户何时可以打到出租车；网飞需要以用户观看行为的数据来确定哪些节目是用户最感兴趣的。另举一例，如果一家制造公司希望改善进货物流管理，就需要实时跟踪供应商，以获得详细的数据来确定哪些物资是生产所需的。数据的战略资源化管理以及 AI 的兴起对大多数公司都有重大影响，且对它们的核心能力提出了新要求：收集和管理相关高质量数据的能力，敏捷地利用数据来开发软件和应用机器学习的能力，以及利用数据与 AI 带来的新的发展潜能不断重新设计和改造当前商业模式的能力。

新核心能力之一：收集、处理和利用大数据

首先，合法合理地获取和处理海量数据正迅速成为各个行业的核心业务活动，也应成为数字化主管和管理委员会的首要任务。数据资产的价值在公司并购评估中扮演着越来越重要的角色，但并非所有数据都能提供相同的价值。一直以来，数据只是商业活动的副产品。而如今，组织机构需要确定哪些数据对企业特别重要，主动扩大数据资产的规模，改进数据收集方式，将数据收集提升到企业整体战略的高度。这就可能需要改进现有的数据收集程序，以获得质量更高、数量更多、种类更齐全或粒度更小的数据。这也可能需要修改流程，以获得客户对使用其个人数据的许可，或与供应商、合作伙伴和第三方签订使用新型数据资产的协议。数据通常不是唾手可得的，需要通过网站和数字渠道进行试验

来生成。其次，对所有公司来说，通过整合和分析数据来创造价值变得
至关重要。数据仓储和数据分析领域的许多组织已经形成了整合各种来
源数据的能力，现在则需要通过新的云计算、数据库技术、架构（如数
据湖）、敏捷流程及数据目录来扩展这种能力，以提高数据的可获得性
和可解释性。最后，如果没有在日常决策中通过分析将数据用于创造新
的商机，那么数据的价值就没那么高了。数据驱动型公司会努力基于可
信的数据和分析来做决策。许多决策可以通过软件和机器学习实现自动
化，这就引出了第二项新的核心能力。

清单

收集、处理和利用数据的主要活动包括：

- 识别哪些数据资产对业务具有战略意义；
- 主动寻求使用这些数据资产的许可；
- 改进数据收集程序，提高数据价值；
- 寻找可以获得数据的新渠道；
- 整合不同来源的不同数据集；
- 处理数据，以便对数据进行分析；
- 应用分析法创造新的商机；
- 发展数据和试验驱动的文化。

新核心能力之二：在云端构建敏捷数据科学和机器学习软件产品

对于所有行业来说，第二项核心能力是基于云的敏捷软件开发。所
有公司将来都需要成为科技公司。今天大多数公司仍然采用传统的瀑布

模型来开发软件，这不利于他们对市场趋势和不断变化的客户期望做出反应。许多信息技术部门聘用信息技术需求经理，依赖外部合作伙伴直接、快速、务实地构建或修改软件，而不是靠本部门的软件工程师。能否以敏捷的方式大规模地构建、部署和运行软件与机器学习模型，将成为关系大多数公司生死存亡的问题。这包括前后端应用程序和云基础设施的开发，还包括机器学习（常被称为"软件 2.0"）。随着机器学习的发展，软件开发也转变为新模式。相较于过去基于业务部门的业务规则进行编程，机器学习使得计算机可以通过识别数据中隐藏的模式自己来发现这些规则。这就需要新的流程和新的角色，如数据产品经理、数据科学家和数据工程师，并对新的工作方式提出了要求。特别需要指出的是，机器学习模型的训练会导致庞大的计算工作量和海量的数据存储，这都依赖于灵活的云基础设施和关于云架构的专业知识。

清单

在云端构建敏捷数据科学和机器学习软件产品的主要活动包括：

- 采用敏捷软件开发以及开发运维一体化模式（DevOps）——"谁构建，谁运行"；
- 引入新角色，如产品经理、数据科学家和数据工程师，构建强大的工程文化；
- 雇用并留住软件工程人才和机器学习人才；
- 开发前后端应用程序和云基础设施；
- 训练、测试和维护机器学习模型；
- 成为一家科技公司。

新核心能力之三：重新设计业务模式或调整现有业务模式

数字技术和 AI 相互依托，为所有行业创造了新的机会，引发了无形的市场变化，将赢家和输家重新洗牌。数据、AI 和数字技术正在成为生产、竞争和创新的全新主动力，唯一的问题在于你的公司是否要加入这个进程。你所处的行业很可能跟大多数行业一样，已经受到了数字化的深刻影响。因此，组织的第三项新的核心能力，就是不断转变和调整业务模式以保持竞争优势的能力。数字化转型是一个变革管理的过程，即以先进的技术和尖端的数字能力来更新业务模式和公司文化。它意味着技术、社会、客户期望和市场生态系统的转变。由数据量增长所推动的 AI 会对所有行业造成重大颠覆，促使其转变业务模式，例如，如何生产以及生产哪些商品，提供哪些服务给客户。公司需要重新评估整个商业和组织模式，以确定数字技术、数据与 AI 为其业务和行业带来了怎样翻天覆地的变化。识别和理解 AI 如何重塑行业，是重新规划经营模式的基础。商业战略应为你的公司未来如何竞争、如何创收赢利以及如何转型和适应设定明确的方向。这些战略一旦付诸实践，将随之影响整个组织。值得注意的是，组织架构和决策流程必须进行调整，这样才能更好地利用数据、机器学习和软件。

清单

重新设计业务模式和组织架构的主要活动包括：

- 认识到数字化、数据与 AI 在你所在行业引发的变革；
- 制定和实施革新策略，改变或调整现有业务模式；
- 不断改变软件和业务流程来适应不断变化的市场走势和客户期望，以保持竞争优势。

数字技术和数据为智能机器的崛起奠定了基础，这些机器可以从各种数据和数字交互中发掘意义，从而进行感知、思考、学习和行动。想要更进一步地理解这些，我们不妨先来看是什么能够让机器真正智能化。

是什么让机器变得智能？

计算机一直以来都相当擅长处理重复性的、被清晰描述的任务，擅长应用严格的逻辑和复杂的数学运算。当前很多工作都是由计算机完成的，比仅靠人类完成得更快捷、经济、可靠。然而，过去的计算机在许多方面看起来都不太聪明。随着智能机器的发展，这种情况得到了改观。智能机器能够处理有歧义、信息少和不确定的情况，从而能够解决原来必须靠人工处理的各类问题。智能机器并非使用预定义的算法来计算出最优解，而是通过评估不同的选项来选择出最优解。

机器智能的主要特征

更先进的智能机器能够以类似人类通过经验学习处理信息的方式处理感知的信息。它们能够识别图片和视频中的物体，识别理解语音命令，甚至能够分辨物体的气味；它们能够遍览文件，发现其中的关系、依赖性和隐义。它们不需要编程，能够通过阅读组织手册来理解业务流程，能够观察人类的业务流程来建立它们自己的知识库，最终独立处理业务流程。为了让机器能够像人类一样看、摸、听、闻、尝，需要将物理世界的方方面面转化为可"消化"处理的数据，以供机器处理、推理和行动。被机器感知到的信息经过输入、解析、过滤、互联，可用于发起进一步的活动。这可能听起来有点"科幻"，但这些事情并不遥远。随着低成本传感器技术和物联网及其相关设备的兴起，在没有人机交互的情况下就可以收集物理世界的数据。实际上，你口袋里的智能手机一般内置了 14 个不同的传感器，它们把信号转化为高质量的数据，供你安装的应用程序使用。

许多智能机器可以通过理解和明确目标，甚至是制定自己的目标，通过提出和评估假设，通过提供答案和解决方案，可以像人类一样解决问题，而不是像检索机器那样只会把结果列表反馈给用户。问题不需要处理成特定的机器可读格式，可以简单地用自然语言甚至是日常对话来表示。通过问题的语境，智能机器就有可能正确地理解问题。当我问一台智能机器"哪家餐厅最好"时，它应该明白，我可能正在寻找一家距离不远的好餐厅。逐渐地，智能机器甚至可以根据自己获取的结果和观察到的环境变化，通过自我学习来调整自己的算法。根据行动的结果，它们可以学习并改进自己解决问题的方式。这在象棋、围棋等竞赛中尤其有效。在与人类棋手对弈之前，智能机器可以与自己进行数百万次的较量，并从中习得经验。

最后，智能机器能够可视化地向人类决策者提供反馈，通知甚至命令人类执行某些活动。越来越多的情况下，智能机器甚至可以完全自主地执行一套业务流程或一些其他的操作。根据执行的结果，智能机器能够重新调整其目标设定。机器智能化需要很多很多不同的技术。而到目前为止，最重要的就是机器学习。

机器学习是当今 AI 的核心

AI 是指机器执行通常与人类智能相关联的任务的能力，如从经验中学习、从不同的观察中得出结论、发挥创造力等。机器学习是目前 AI 中最重要的子学科。机器学习应用软件可以利用各种算法和统计学方法对收集到的数据进行分析，并从中推导出模式，进行自我编程。因此，计算机能够在没有明确指示的情况下仅靠对过去事物的简单观察来编写自己的软件代码——这通常需要大量高质量的数据。如下文所述，机器学习有很多类型。

监督学习

监督学习是最流行的机器学习类型，它需要一个可被预测的目标变量。例如，如果你想预测温度，那么温度就是目标变量。用于监督学习的训练数据是标签化的。动物图片就是监督学习的典型例子，这些图片都带有标签，如"猫""狗""马"等。机器学习算法的任务是利用这些带标签的图片，将没有标签的动物图片归类为"猫"等。

在机器学习中，预测并不一定是指预测未来会发生什么（如天气预测），也可以指用你现有的数据来推测一些你未知的事情。例如，如果你知道某些客户的收入，那么你或许可以预测所有客户的收入。监督学习典型的方法是用于预测连续目标变量（如摄氏温度）的回归法和用于预测类别变量的分类法，如动物图片分类。

无监督学习

无监督学习无须对训练数据进行任何标注。没有预设目标的限制，算法可能会在给定的数据中找到意想不到的模式。无监督学习的典型应用包括数据聚类和异常检测。将聚类算法付诸实践的一个典型例子是，根据你以前没有意识到的特征，将客户细分为不同的群体，利用这些特征来定制营销活动。同样，无监督学习也可以应用于购物篮分析，即根据客户的购买行为，确定哪些产品适合交叉销售。异常检测则可用于检测银行交易中的异常情况，以对欺诈行为进行调查。常用的算法包括主成分分析和 k 均值聚类。

强化学习

强化学习与监督学习、无监督学习都有实质性的区别。机器作为代理，观察环境，做出决策，并根据决策的结果受到奖励或惩罚。代理的目的是通过试错学习，随着时间的推移使奖励最大化或惩罚最小化。强化学习在游戏领域取得了重大突破，如围棋人工智能程序阿尔法狗（AlphaGo）和国际象棋人工智能程序阿尔法元（AlphaZero），这两者都是由谷歌子公司"深度思维"（DeepMind）开发的。强化学习的典型方法包括马尔可夫决策法和 Q 学习算法。

深度学习

深度学习是机器学习的子集，特点是使用人工神经网络，包括监督学习以及无监督或半监督学习。人工神经元的概念是受生物神经元的启发得到的。生物神经元紧密连接在一起，信号从一个神经元传递到另一个神经元，从而达到传递信息的目的，这就是人脑功能的基础。人工神经元也构成相互连接，可以包括许多（深）层。每个神经元从一个或多个神经元获得输入信号，并将输出信号传递给一个或多个其他神经元。这些人工神经元相互连接的方式正是不同深度学习方法——如卷积神经网络和循环神经网络——的特征所在。卷积神经网络由密切连接的人工神经元组成，通常应用于图像识别和自然语言处理。循环神经网络擅长处理带有时间和 / 或预测成分的任务，例如时间序列预测或情感分析。

如何训练、测试和运行一个机器学习模型？

如上所述，大多数 AI 应用都是基于监督式机器学习的。训练一个监督式机器学习模型需要合适的预处理训练数据，需要建立选择机制，用于确定哪些特征足以为模型提供信息，应用机器学习算法，最后以测试和验证机制来验证机器学习算法是否有效并进一步改进机器学习算法（图 1.1）。

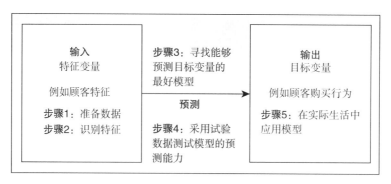

图 1.1　如何训练、测试和应用机器学习模型

典型的机器学习项目包括如下步骤：第一，数据科学家收到一组非结构化的训练数据并对这些数据进行分析和可视化预处理，以确保数据无误并适用于当前问题。这一关键步骤往往是机器学习项目中最耗时的一步。第二，通过人工或使用其他算法，如前文提到的主成分分析，确定用作输入变量的特征变量。第三，将模型应用于训练数据集，以便确定最佳模型。第四，使用算法之前未使用过的测试数据，验证模型是否具有泛化能力和良好的预测能力。第五，部署最佳模型应用于实际生活中的新数据，做出可用于实践的预测。

AI 的下一步是什么？

在 AI 领域，许多振奋人心的新进展即将到来。首先是企业知识图谱的兴起。Siri 和 Alexa 这样的虚拟助手能够将来自不同领域的知识联系起来，从而实现超越单一领域的智能。谷歌推出的语音助手 Duplex 可以给你想去的餐厅打电话预订座位，这是目前智能助手为人类服务的亮点之一。

此外，量子计算将使机器以不可思议的速度进行计算，但实际应用仍在开发中。我们将看到，越来越多的决策系统可基于机器学习算法构建，用于整合多个算法的结果，并将其运用于更广泛的语境。最终，当AI 可以做出更多的决策，关键任务将由机器完成时，人们对机器学习算法的透明度将会有更高的要求。下一节的主题是当前领先的数字公司是如何利用机器学习和 AI 的。

数字玩家们如何利用机器学习获得优势？

成为一家数据驱动型公司需要漫长的进程，而作为一个组织，"年轻"是一大优势。对于那些成立于互联网时代的公司来说，利用数据来优化业务的每个环节是自然而然的。像谷歌、网飞、亚马逊、优步、爱彼迎、缤客（Booking）和声田这样的大型互联网公司，已经将在每个业务流程和每个经营领域中利用机器学习的习惯刻入了基因中。在本节中，我们将更明确地了解到它们到底做了什么。

谷歌——AI 先行

谷歌不断地将产品转向 AI 和机器学习驱动型的服务。谷歌搜索引擎是以算法起步的，那些算法是基于一套规则，而现在它利用的是深度学习。智能回复服务利用机器学习对如何回复电子邮件给出建议。谷歌助手利用电话进行预约，有人认为这是第一台通过了图灵测试的计算机[4]。图灵测试由阿兰·图灵（Alan Turing）在 1950 年提出。当人与机器交流时，如果人无法分辨出与他们交流的是人类还是机器，那么机器就通过了图灵测试。一些研究机构将 AI 运用于寻找太阳系外行星系、预测引发心脏病的风险因素、创作歌曲和绘图等[5]。根据 AI 服务的战略重点，谷歌首席执行官（CEO）桑达尔·皮查伊（Sundar Pichai）将当前的技术变革称为迈向"AI 先行世界"（AI-first world）的一步[6]。

网飞如何利用机器学习颠覆好莱坞和电视

通过机器学习，网飞可以根据与你有相似爱好人群的观看历史，向你做出个性化的电影推荐，以此生成你的整个起始界面。不仅如此，网飞还可以从现有电影中挑出数千帧画面以创作个性化的预告片，以最吸引你的方式来描绘电影[7]。它甚至可以利用数据分析在一部新电影拍摄之前就知道谁会看这部电影，并预测拍摄电影的最佳地点。它还可以借助自动算法识别出电影中需要调整的部分，加快对后期制作的质量检查。

亚马逊 —— 数据驱动型购物和供应链

亚马逊已经将 AI 和机器学习融入公司的核心业务模式。其主打 AI 产品包括智能家居助手 Alexa、亚马逊无人超市和无人机配送。这些产品利用了多种不同的机器学习方法，包括利用人工神经网络处理从麦克风、摄像头和传感器获得的数据。对于零售平台，亚马逊对产品的购买数据进行汇总和分析，以预测需求和购买模式，识别欺诈购买，通过检索浏览数据和购买数据提出对产品和促销的个性化建议，并利用近乎实时的分析来优化整个出入库供应链[8]。

优步——追踪司机和用户

每天，优步都会对全球 700 座城市的数百万次出行进行分析，生成关于交通状况、首选路线、预计到达 / 送达时间和下车地点的信息，目的是提供完美的用户体验[9]。优步能够预测何时何地会有交通需求，根据这些信息向司机发送提醒，告知即将到来的需求，并在高峰时段提高价格，以确保有足够的网约车满足需求。优步对机器学习的另一大应用是优化路线，将司机预先派往预测需求量大的搭车点，从而缩短完成旅程的时间。优步在与司机的聊天中使用了自然语言处理和机器学习，并提供了"一键"选项，这就大大简化了司机与优步的沟通。最后，优步还利用机器学习来计算拼车服务中的最佳路线及乘客的下车顺序。

爱彼迎和缤客——数据支持网络自助旅游

爱彼迎和缤客利用住宿和个人旅行体验方面的官方信息，在酒店业开创了举足轻重的网上业务。两家公司都开发了一套机器学习模型，以打造高度人性化的旅行规划与往返旅程。

缤客创建了推荐算法，用于旅行目的地推荐，还开发了机器学习模型，关注用户灵活性、旅行体验和评论摘要[10]。例如，它使用机器学习来创建用户偏好档案，其中包括旅程不同方面可能存在的用户灵活性。灵活性高的用户会得到更多的备选日期或目的地建议，而灵活性低的用户则会认为这是一种干扰，所以缤客不会向他们发送这些建议。

爱彼迎利用机器学习模型，根据客人的喜好帮助他们找到合适的住处，并协助房东改善房屋居住条件。它的搜索引擎采用深度学习定制搜索过程，改善搜索体验，并为在特定地点搜索住处的客人提供推荐清单[11]。

声田——取代收音机

声回在提供个性化听歌体验和寻找新音乐方面表现出色。该公司通过分析与歌曲相关的各种信息，利用了机器学习中的多种方法[12]。无论信息的来源和类型有多大差异，它的总体目标都是将歌曲分门别类。第一步，声田利用自然语言处理，分析歌曲相关的可用文本信息，如流派相关的资料。第二步，它将每首歌曲与其他具有相似品味的用户一直听的歌曲联系起来。第三步，它会分析与歌曲相关的原始音频数据，其中可能包含听众自己都没有完全意识到的元素。有了这些不同类型的信息，它就能够给每首歌曲打上标签，对歌曲进行筛选过滤，把相似的歌曲分配到同一组，这样用户就能收到自己偏爱的一组歌曲的推荐。

我们可以从数字玩家们身上学到什么？

从上面这些例子可以看出，全球数字化企业正在大规模地利用数据科学和机器学习来提升所有核心业务的商业价值。新的工具、新型的数据库和正在兴起的云计算，让我们可以更加灵活地整合和处理大量不同格式的数据。科技创业界引入了各种新方法以便使自己的业务与信息技术水乳交融，旨在快速产生商业价值。更多现有企业纷纷效仿，催生了新的敏捷性。机器学习和 AI 方法走进了商业生活，使流程越来越自动化。

为什么许多数字化转型计划举步维艰？

谷歌、网飞、亚马逊、优步、爱彼迎、缤客、声田等众多数字化公司的作为以及它们在股市上的表现令人印象深刻，传统公司也开始着手跟进。有些公司的高管投资数亿到数字化、数据与 AI 的能力建设中，希望取得类似的效果。然而，后面的故事就不太乐观了：近年来，许多备受瞩目的数字化转型项目都折戟沉沙。通用电气（General Electric）、乐高（Lego）、宝洁（Procter & Gamble）、博柏利（Burberry）、福特（Ford）和耐克（Nike）等传统企业为数字化转型投入了大量资金，但都以失败告终。大数据平台的投资没有带来预期的回报，是由于数据科学实验室的机器学习原型只能局限在一个很小的试行范围。到目前为止，大多数首席数字官和首席数据官（chief digital officers and chief data officers，下文将二者统称为"CDOs"）都难以产生足够的商业影响力。

据《福布斯》（*Forbes*）杂志报道，投资者越来越多地将任命 CDOs 视为劣势的标志，因为这意味着董事会缺乏数字化悟性，公司也落后于潮流[13]。数字化转型必须由 CEO 直接推动，让整个公司走上科技化转型之路。CDOs 只能在这个转型过程中为 CEO 提供支持和建议，而无法弥补 CEO 参与度的不足。本节将进一步揭示传统企业大规模数字化转型和机器学习困难重重的深层原因，并为更好地进行数字化转型提炼经验教训。

指数式变化难以预料，固有信念遭遇挑战

数字化和 AI 的变革遵循着一条指数曲线：变革到来的时候悄声缓步，让人难以察觉，却又突然毫不留情地颠覆整个行业（就像诺基亚和柯达的案例）。假设你所在的是一家传统公司，数字化成熟度可能极低，需要数年时间才能看到初步成效。与此同时，由于你们的产品正处于生命周期的"摇钱树"阶段，所以公司的收入和利润仍然非常可观。这样一来，高管们并没有真正感受到数字化变革进入所在行业所带来的困扰。也许他们意识到了变革即将到来，但那与真正的危机有着天壤之别。即使他们着手迎接变革，也需要多年的猛赶直追，才能取得初步成果。没有几个高管愿意等那么久，因为他们中的大多数届时已转到新的工作岗位或已退休。为什么要为了一些不会立即影响到自己的事情而拿今天的奖金去冒险呢？因此，要想全盘推进改革，只能靠 CEO 的直接推动。

这一点可以通过观察其他行业得到印证。每个月都有擅长数字化的新人颠覆传统行业大佬的案例发生。只要稍加研究，就可以向你公司的高管展示数字化和 AI 变革对你们所处市场和行业的影响。而股东和董事会期望管理层能认真对待变革。笔者了解到，如果董事会和高管意识到数字化和 AI 变革不会停留在特定的行业里，而是会席卷所有人，

他们就会变得愿意倾听、尝试，甚至做出痛苦的改变。

许多负责数字化转型的高管一开始就犯了大错，认为其他人跟他们自己一样，对成功因素和行业变革的核心理念已融会贯通。然而事实并非如此。他们公司里的其他人，包括最高层管理者，几十年来一直基于一成不变的核心理念来经营公司。现有的核心理念在一段时间内的确是正确的。例如，以标准化的流程降低成本；以硬件产品为中心，保证产品的质量和吸引力；以销售产品的数量作为关键的业绩指标；以实体店的数量反映市场竞争力。然而，软件工程也许已变得与硬件工程和产品制造同等重要，那就意味着数据和分析可能成为产品质量和客户体验的核心部分，实体店很可能被数字零售点取代。数字化变革突然让世界天翻地覆。

所以，在数字化转型的一开始，CEO 和 CDOs 就需要做好准备，明确其内涵，并直接要求实施同该内涵相匹配的变革。如果开展一些相辅相成的可行项目，让变革的价值和遇到的障碍都能作为实实在在的例子来讨论，会大有裨益。

原有的信息技术系统和后台流程是数字化的一大障碍

每个公司都必须与许多原有系统共存。例如，银行平均信息技术预算的 90% 都用于维护原有系统。为了避免更换原有系统，银行往往在旧系统的基础上创建新的应用程序，增加新的界面。一个典型的零售银行需要管理和监控 300~800 个后台流程，其中许多是冗余的任务，需要大量人工处理，响应时间还慢。

简单来说，业务流程可以分为两类，即前台流程和后台流程。前台流程是所有与客户打交道的业务流程，后台流程是所有没有客户接触点的业务流程。客户通常不会看到后台。

即使你的客户看不到后台发生了什么，后台的数字化转型对业务成功也非常重要。如果没有务实、高效的后台流程，客户体验也通常不会很好。举例来说，如果每种产品的库存量和有无都经过了数字化处理，那么客户就可以获得准确的实时信息。再者，通过数字化转型让你公司的后台运行更高效，可以节省很多成本，让运维更精简、顺畅。如果机器可以帮助解决很大一部分的客户服务请求，就不需要过多的客户服务人员。数字化转型还可以让后台运作更加有效，为企业带来更多益处，如优化供应链管理、防止欺诈、更好地管理业务绩效、优化实物资产、用现有的人力资源创造最高价值、更好地管理财务等。

从本质上讲，高管应该避免将所有的数字化创新努力集中在客户可见的光鲜亮丽的表面。企业的内在核心和数字架构往往是更强有力的竞争优势，即使无法从外部直接看到。

数据与 AI 是数字化转型的要素，但不是全部

数字化转型异常艰难的一点就是它需要同时改变一个组织的许多关键方面：商业模式、文化、能力、技术、流程、合作关系以及其他许多方面。打造变革基础所需要的数字技术，范围非常广泛：从众所周知的前后端软件技术、射频识别芯片和传感器，到区块链和量子计算。所有这些技术的共同作用是可以产生更多可输入机器的新数据，为此，这些数字技术需要更精细复杂的整合与协作。这就是 AI 变得至关重要的地方。任何数字化的东西都是数据和算法的结果，加上一个外在的东西，例如将该结果展示给用户的屏幕。这意味着，没有数据转型就没有数字化转型。这是负责数据、分析和 AI 的高管需要掌握的最重要的原则。如果有首席数字官说"咱们以后再说数据与 AI，眼下数字化转型还有更重要的事情要做"，那么他就完全没有意识到，自己想做的有关数字化

的所有事情都需要数据和 AI。不幸的是，这在高度产品驱动的公司里是司空见惯的。我们总是需要数据与 AI 以外的东西，这让数据主管处于战略劣势。传达上述简单的原则，辅以实际的例子来解释，就可以让每个人意识到，数据是任何形式的数字化成果和数字产品的关键要素。简单地说，如果别人的工作完成得不好，你也同样会失败。所以，你最好选择可以依靠其他要素来使数据产品正常运作的项目。如果不把算法结果用于电子商务门户之内来提高定价，那么用于确定所售商品最优定价的最佳算法也就没有多大用处了。数字技术为 AI 奠定了基础；反过来，数据与 AI 是一切数字化转型的核心。

为什么有那么多算法走不出实验室？

当商界意识到机器学习、大数据与 AI 可以从业务数字化产生的大量数据中生成新价值时，大型组织启动了数百个机器学习和数据科学项目。相应地，公司聘请了数据科学家，期望他们开发出解决其核心业务问题的数据产品。许多用例和小型试行方案在实验室环境中表现良好，一旦运用到外部的现实世界中，就可能突然崩溃失效。在这些试行方案中，只有极少一部分成功地推广并运用到了生产中。产生这一现象有如下原因：

- AI 和机器学习发展迅速，目前缺乏统一标准。大量不断变化的框架和工具引发了冲突，也造成了额外的工作，使数据产品从概念到开发再到交付的生命周期难以形成流水线。

- 组织和文化障碍使数据产品无法充分发挥其潜力。由于组织限制和文化差异，开发数据产品的团队往往不与业务部门一起工作。这就让数据科学家的工作更复杂了，因为他们需要根据随时可能变化的业务需求对模型进行微调。同样，数据科学家和数据工程师之间也经常会有争执，因为数据科学家往往专注于构建机器学习模型，不太关心代码的优化，导致数据工程师很难将机器学习模型部署到生产中。

- 数据产品涉及的风险管理、安全性、数据保护相关的公司行政流程和其他规章制度往往非常烦琐，而且很耗时。原因是既定的流程相对于数据产品的新的、独特的要求及其不断变化的监管框架来说，往往是不足的。有时候，一个概念虽然已成功通过验证，却因为基础数据收集方案可能会违反欧盟《通用数据保护条例》（General Data Protection Regulation，GDPR）的要求而难以更进一步。最后，缓慢而复杂的采购和审批程序使得产品难以快速上市。

- 开发数据产品的团队和负责信息技术运营的团队之间往往存在技术和文化上的分歧。许多公司的信息技术运营涉及不同的工具集和架构，存在很多原有系统，而且没有实施云技术。相比之下，数据科学家用的是新开发的开放源码框架和云技术。然而，信息技术运营团队和数据产品团队必须合作，才能将数据产品部署到生产中。这就需要调整现有的部署和运维流程，因为它们往往不适合数据产品所需的持续交付和集成。

- 数据不可避免地会随着时间的推移而变化。消费模式可能会发生改变，数据集的错误也可能会累积。在不同的时期，模型和数据的质量问题也会不同。因此，有必要不断地对数据和模型进行监控和更新。

- 对很多公司来说，云、软件和 AI 不是它们的核心竞争力所在，所以它们对此缺乏足够的技术和了解。科技人才不会被非科技的文化所吸引，因为在这种文化中，他们得不到认同，也得不到发展所需的必要环境和行政支持。

真正意义上的数据科学家通常都是新近才加入公司的，他们不了解公司的运作方式，缺乏人脉，这使情况进一步恶化。

这就是为什么许多公司在将数据产品投入生产时困难重重。只有处理了所有这些问题，才有希望在数据与 AI 领域取得成功。

如何在组织中实现数据与 AI 规模化？

在数据与 AI 领域取得成功需要什么？

我们在前文已经讨论过，一个组织在通过数据与 AI 推动下一波数字化转型时会遇到哪些困难。在转型的一开始，组织就面临着许多类似"先有鸡还是先有蛋"这样因果难辨的问题，而这些问题是必须要解决的。基于数据与 AI，数字化转型需要从四个不同的角度来驱动，如图 1.2 所示。

图 1.2　数据与 AI 驱动数字化转型的四个角度

战略角度所要解决的问题是如何通过数据与 AI 来调整和重建公司的商业模式。产品角度则把注意力集中在如何设计和交付能够将愿景变为现实的具有延展性的数据产品。能力角度着重探讨数据产品的成功所需的基础能力、管理和技术。转型角度专注于如何培养数据和创新驱动型文化，以及如何在转型过程中应对变革。简而言之，我们需要这四个角度的平衡运作。各方面都需要协调努力，并且相互充分支持，这就对协调性提出了很高的要求。本书接下来将重点讨论上述四个角度。

清单

数据与 AI 驱动的数字化转型，需要从四个角度入手：

- **战略角度**：总体战略和愿景对如何重塑业务进行规划，因而是数字化转型的核心。

- **产品角度**：设计和交付产品是将愿景转化为具体的可交付成果并将其纳入业务的必要条件。

- **能力角度**：提升技术、结构、角色、流程和治理五方面的能力，以数据平台和体系架构的方式落实技术应用，对于设计和交付数据产品是至关重要的。

- **转型角度**：重塑公司文化、实现业务转型是最终目标，也是在所有核心业务流程中采用和成功推广数据科学和机器学习的必要条件。

战略角度

战略角度研究的是数据与 AI 将如何深刻地重塑你的公司所在的市场。这可能意味着客户期望、产品、分销渠道、供应链和竞争对手都在发生变化。公司的商业模式和市场战略定位必须适应上述新情况。如此一来，作为公司数十年来立身之本的核心理念突然被改写，这对任何组织来说都是既烦琐又痛苦的过程。新的战略和愿景指明了通过数据与 AI 成功实现数字化转型的路径，并为其他角度（产品、能力、转型）设定了优先级。战略角度正是这一过程的核心，其实质是如何认识和接纳使公司生存下去的真正转型，并付诸实践。

我们将在第 2 章 "数据与 AI 的战略和愿景" 中讨论战略角度。

产品角度

数据与 AI 驱动的数字化转型中，最具体实在的是产品角度。数据产品是聚焦于数据科学和机器学习的软件应用。数据产品的目标是为业务问题提供整体解决方案，因此在设计和构建数据产品时，会存在大量同客户和使用者的互动。与我们的直觉相反，数据产品除了机器学习和数据科学功能，还包含其他前后端软件功能，因为其目标是全面解决业务问题。开发一款数据产品甚至可能需要改变业务流程。每款数据产品都应当配有产品经理制订的市场营销计划，以及带有功能列表的产品路线图。每款数据产品还应该有产品生命周期，涵盖从设计、原型制作、开发部署、运维到终止的几个阶段。经过部署后，数据产品可能会扩展到其他业务领域。

我们将在第 3 章 "数据产品设计" 和第 4 章 "数据产品交付" 中讨论产品角度。

能力角度

数据与 AI 驱动的数字化转型的第三方面是能力。数据能力战略列出了为了能够交付数据产品组合，需要发展哪些能力。要想成功地设计和交付数据产品，具备或开发一些基本能力是极为必要的。数据与 AI 筹备工作负责设置核心能力所需的组织、职务和流程。数据平台将关键

技术和架构组件提供给组织的其他成员，这样通用且最先进的数据分析
和 AI 工具箱就可用于开发、部署和操作数据产品。这意味着，一款数
据产品的想法经过开发后，可以在相同的技术环境下运作。数据平台为
生产数据提供中央数据存储，作为联合数据湖和数据目录的一部分，并
为原有信息技术系统提供标准化访问路径和接口。在此基础之上，可定
义数据与 AI 的治理流程，以确保数据与 AI 可信。

我们将在第 5 章"能力与敏捷组织"和第 6 章"技术与治理"中讨
论能力和技术角度。

转型角度

数据与 AI 驱动的数字化转型的最后一个角度是转型，重点是如何
大规模地应用数据科学和机器学习。如果企业想跟上转型的步伐，就
需要从根本上质疑和调整其商业模式、愿景、价值观和架构。数据与
AI 带来了新的工作方式，也经常会颠覆现有的业务流程，甚至会导
致内外部利益相关者之间的权利转移。特别是在大型传统企业，转型
可能会遇到巨大的阻力，因为许多过去管理业务的员工和经理会感到
不适应新的战略和愿景，甚至会感觉受到了排挤。整个转型过程需要
实时跟踪，随时清障，需要高层管理人员的重点关注。战略和愿景需
要转化为可衡量的目标和关键成果。CEO 和高管必须推动商业愿景和
转型战略的实施，保持沟通的透明性，并分别针对每个群体进行沟通；
同时，也要让中高层管理者和员工参与进来。任何层面的个人努力都
应得到鼓励和认可。培训和教育可以在获得内部支持和培养数字化人
才方面发挥重要作用，而招聘和留住各层次的数字化人才应是高层管
理人员的首要任务。要在整个公司推广鼓励学习、试验和创新的文化，
以及基于数据与 AI 的决策方法。数据与 AI 的治理和控制机制，数据

与 AI 的质量，有利于建立信任并从中得到支持。我们需要通过充分的转型和变革管理来应对数据与 AI 带来的文化挑战，并通过恰当的变革管理举措来促进数据产品的构建和能力的增长。

我们将在第 7 章"转型与文化"中讨论转型角度。

小　　结

正如本章所述，数据与 AI 是任何数字化转型不可或缺的部分。AI 领域的科技已经准备就绪，许多数字化企业在利用数据与 AI 创造价值的道路上一骑绝尘，而更多的传统企业正为着如何对公司的运行方式进行重大变革、如何应对原有的信息技术系统和不适宜的流程等问题而焦头烂额。只有协调一致地从战略、产品、能力和转型这四个互补的角度全面推进，才能成功实现数据与 AI 驱动的数字化转型。至于如何实现，我们将在下一章从战略角度进行阐述。

尾　　注[①]

［1］ Bughin, J, *et al.*, Notes from the AI frontier: Modeling the impact of AI on the world economy, McKinsey Global Institute, Discussion Paper, 2018. www. mckinsey.com/ featured-insights/artificial-intelligence/notes-from-the-ai-frontier- modeling-the-impact-of-ai-on-the-world-economy (archived at https://perma. cc/VZD9-HJ5U)

［2］ Cowhey, P F and Aronson, J D, *Digital DNA: Disruption and the challenges for global governance*, 2017, Oxford University Press

［3］ Lewis, T, Internet statistics 2019: E-comm, coverage, usage, speed and more [Blog], 5 April 2019. https://hostsorter.com/internet-statistics/ (archived at https://perma.cc/ V6FK-LBTD)

---

① 为方便检索，尾注中的参考文献保留原著中的格式。

［4］ Neufeld, E and Finnestad, S, In defense of the Turing test, *AI and Society*, 2020, pp 1–9; O'Leary, D E, Google's Duplex: Pretending to be human, *Intelligent Systems in Accounting, Finance and Management*, 2019, 26 (1) , pp 46–53

［5］ Google AI, Advancing the state of the art, 2019. https://ai.google/research/ (archived at https://perma.cc/5Z9W-SA92)

［6］ Pichai, S, Making AI work for everyone [Blog] 17 May 2017. https://blog. google/ topics/machine learning/making-ai-work-for-everyone/ (archived at https://perma.cc/ QRQ5-Y377)

［7］ Yu, A, How Netflix uses AI, data science, and machine learning — from a product perspective[Blog], 27 February 2019. https://becominghuman.ai/ how-netflix-uses-ai-and-machine learning-a087614630fe (archived at https:// perma.cc/7E4C-A63R)

［8］ Camhi, J and Pandolph, S, Machine learning driving innovation at Amazon, *Business Insider Deutschland,* 17 April 2017. https://www.businessinsider.com/ machine-learning-driving-innovation-at-amazon-2017-4?r=US&IR=T (archived at https:// perma.cc/9QNS-VEG7)

［9］ MSV, J, Managing machine learning models the Uber way, *Forbes*, 26 June 2019. www.forbes.com/sites/janakirammsv/2019/06/26/managing- machine- learning-models-the-uber-way/#61a6aeec4ae4 (archived at https://perma.cc/ P7QK-MBJG)

［10］ Bernardi, L, Mavridis, T and Estevez, P, 150 successful machine learning models: 6 lessons learned at Booking.com, in *Proceedings of the 25th ACM SIGKDD International Conference on Knowledge Discovery and Data Mining*, July 2019, pp 1743–1751

［11］ Haldar, M, *et al.*, Applying deep learning to Airbnb search, in *Proceedings of the 25th ACM SIGKDD International Conference on Knowledge Discovery and Data Mining*, July 2019, pp 1927–1935

［12］ Ciocca, S, How does Spotify know you so well? [Blog] 10 October 2017. https:// medium.com/s/story/spotifys-discover-weekly-how-machine learning- finds-your-new-music-19a41ab76efe (archived at https://perma.cc/D2A8-BSUS)

［13］ Woods, D, When does a chief digital officer signal weakness? *Forbes*, 28 September 2014. www.forbes.com/sites/danwoods/2014/09/28/when-does-a- chief-digital-officer-signal-weakness/#47d007cb5764 (archived at https:// perma.cc/3EB3-WQWW)

数据与 AI 的战略和愿景

本章学习目标

- 了解为什么新的战略和愿景是必要的
- 学习如何重新思考当前的企业战略和商业愿景
- 学习如何制定数据产品策略
- 学习如何定义能力战略
- 学习如何确立转型战略
- 学习如何将四个角度结合成一幅联合转型路线图
- 学习如何确保有足够的资金来实施方案
- 了解如何缩小战略与现实之间的差距

规划战略和愿景的主要原则

上一章概述了数据与 AI 驱动的基础性变革。数据与 AI 驱动的数字化转型已经开始改变当前的产业格局。数据与 AI 构成了一门新型、复杂的跨职能学科。将整个企业的管理者和员工团结起来,齐心协力,有效地实施数据与 AI 转型，是非常必要的工作。整个组织要共享数据与 AI，这样的联合战略和愿景是转型的基础。规划数据与 AI 驱动的数字化转型的新战略和愿景是一项艰巨的任务，需要公司的领导层具备真正改革公司的强烈意愿。

新的战略和愿景决定了一个组织如何计划从数据与 AI 中获益，如何在新的竞争格局中定位，以及如何契合这个定位。战略和愿景是转型的核心，规定了商业模式应该如何演变，哪些数据产品和能力将具有战略重要性，以及如何实施转型变革。战略和愿景应该是可执行的，应具备足够的资源规划和可行的路线图。如果没有新的战略和愿景，就有可能错失行业内数据与 AI 创造的新商机，拖慢数字化转型的进度，无法有效分配资源，很快失去董事会的关注，从而大大增加变革管理的难度。

根据笔者所总结的经验，设计一套有效的战略和愿景可以分为四个步骤，分别对应数据与 AI 的不同方面：重新规划企业战略和商业愿景，创建数据产品战略，衍生能力战略，开发转型战略（图 2.1）。

用于推进数据与 AI 驱动的数字化转型的战略和愿景是对公司当前的战略和愿景的修订，是根据行业的最新状况对其做出的调整。它涉及战略、产品、能力和转型四个不同的角度。

图 2.1 针对数据与 AI 规划战略和愿景的四个步骤

战略和愿景的设计可以分四个步骤进行：

1. 重新规划企业战略和商业愿景：你所在的行业受到了来自数据与 AI 的哪些影响？你们公司目前的商业模式和企业战略是否需要调整？AI 时代的商业愿景和企业战略应该是什么样的？

2. **创建数据产品战略**：为了给愿景和战略以最好的支持，应在哪些业务领域为哪些目的设计和开发数据产品？

3. **衍生能力战略**：实现愿景和实施战略需要哪些能力和技术？哪些能力是必须培养的？该如何设计组织架构？

4. **开发转型战略**：实施战略和实现愿景所需的变革管理活动有哪些？如何实施公司的转型？

战略和愿景为公司重塑自我和在短期、中期、长期投入资源指明了方向。这不是一劳永逸的工作，而是面向未来、不断发展的计划，需要定期检查和修改，将转型过程中吸取的经验教训融入其中。

重新规划企业战略和商业愿景的主要原则

第一阶段所要关注的是数据与 AI 给你的公司战略和商业愿景带来的根本性变化。调查你所在的行业如何通过数据与 AI 进行变革并识别危机和机遇，是一个很好的切入点。公司应该明确自己的商业愿景，阐释如何重塑自己的业务模式，更好地应对行业中带来新危机和创造新机遇的已知或潜在的力量。

主要原则

重新规划企业战略和商业愿景

- 在大多数情况下，数据与 AI 会带来行业变革，对整个商业模式和战略定位产生影响。
- 因此，需要规划新的企业战略和商业愿景，包括新的公司目标和关键成果（Objectives and Key Results，OKR）。

● 目的是重塑商业模式，并将计划融入更广阔的企业战略、商业愿景和更丰富的转型故事中。

创建数据产品战略的主要原则

战略和愿景应该包括数据产品战略，指明数据与 AI 在哪些领域为企业创造价值，以及如何创造价值。数据产品是实现商业愿景和实施转型战略的必要条件。重新规划的企业战略和商业愿景要有战略重点，这很关键。

主要原则

创建数据产品战略

● 遵循机器学习和数据科学的产品规律。

● 将数据产品领域定义为一个框架，用于设计和交付关系到公司 OKR 的数据产品。

● 根据公司 OKR 制定数据产品策略的 OKR。

● 对数据产品的管理要贯穿产品的整个生命周期，并且可以经常用数据产品赢利以获得额外收入。

衍生能力战略的主要原则

能力战略明确了构建数据产品交付战略所需的成功因子。例如，数据产品的运用通常需要灵活的、云驱动的数据架构，也需要受到良好管理的数据与 AI。仅仅知道需要哪些能力是不够的。同样重要的是，要明确公司已具备哪些能力（以及能力的强弱），缺乏哪些能力，以及如何才能更好地弥补这些缺陷。

主要原则

确定技术和能力的优先级

● 确定数据产品组合运用所必需的组织和技术能力。

● 对现有的能力和技术进行评估，找出与目标之间的差距。

● 为战略实施规划好里程碑、OKR 并提供资源。

开发转型战略的主要原则

在第四阶段，要制定一项联合转型战略，将战略和愿景的所有部分整合在一起。它包括采取行动改变文化环境和人员构成，以确保数据产品战略和能力战略的实施。最终，产品、能力和文化变革计划需要整合到联合转型路线图中，其中包括相互协调一致的里程碑及联合资源计划。

主要原则

开发转型战略

● 绘制一份转型蓝图，向员工和领导层传达新的商业愿景和企业战略。

● 确认变革管理举措，以提供数据产品组合和增强核心能力。

● 在联合转型路线图中将产品、能力和文化变革的里程碑同 OKR统一起来，实现彼此协调。

● 监控和跟踪数据与 AI 战略的实施进度。

我们将在接下来的章节中对这四个阶段进行深入探讨。

重新规划企业战略和商业愿景

谈及 AI，我们通常想到的是科幻电影中同人类的行为和特征极为相像的机器人。然而，AI 并不需要像人类一样才能带来价值。AI 目前的水平已经强大到可以自动操作、优化和重新设计关键决策的主要部分，并启用变革性的商业模式。现在是时候开始重新规划公司的战略和愿景了，这样才能确保你的公司在这一新的竞争格局中取得先机。一个很好的出发点是识别数据与 AI 给你所处的行业带来的危机和创造的机遇，并将其作为重新设计商业模式和企业战略的前提，以创建新的商业愿景，打造新的转型故事。

清单

重新规划企业战略和商业愿景的过程应包括：

- 确定数据与 AI 驱动的数字化转型所带来的行业变革。
- 分析数据与 AI 对现有商业模式的影响。
- 为企业规划新的战略和愿景。
- 根据新的战略和愿景确定 OKR。
- 确定 OKR 的衡量标准、基线和指标。

确定数据与 AI 驱动的数字化转型所带来的行业变革

在规划新的战略和愿景之前，花足够的时间弄清楚数据与 AI 在现今和不远的将来所带来的可能性及其对业务的影响是很有必要的。在许多行业，客户中心性和客户忠诚度（亚马逊更进一步称其为客户痴迷、客户至上）将成为保持竞争力的决定性因素。此外，通过设备和云，经过软件和算法，产品和服务将更加紧密地连接和互补。目前发生的变革很大程度上取决于行业。在不同行业之间，数据与 AI 带来的增值以及增值的速度将有所不同，造成的结果是，或者你的公司仍有余裕时间推动转型，或者你的公司将面临巨大的时间压力。举例来说，旅游业的变革会来得很快，因为酒店、航空公司和各地的旅行社提供了越来越多的应用程序接口（API），创造了许多新的机遇，比如旅程的不同部分可以更容易地整合起来。但危机也如影随形，比如，专注于旅行垂直领域的数字玩家［像专注于航班的天巡（Skyscanner）、专注于酒店预订的缤客、专注于私人公寓的爱彼迎、专注于短途旅行的到到网（Tripadvisor）等］激化了该行业的竞争。

麦肯锡全球研究院预测的数据与 AI 变革[1]

受高级分析和 AI 影响最大的五个行业：

- 旅行：128% 的增值；

- 运输和物流：89% 的增值；

- 零售：87% 的增值；

- 汽车和装配：85% 的增值；

- 高科技：85% 的增值。

受影响最大的五个职能：

- 营销和销售：3.3 万亿 ~6 万亿美元；

- 供应链管理和制造：3.6 万亿 ~5.6 万亿美元；

- 保险：0.5 万亿 ~0.9 万亿美元；

- 服务运营：可达 0.6 万亿美元；

- 产品开发：可达 0.3 万亿美元。

如果你对自己所在行业或职能受影响的程度感兴趣，我们推荐你补充阅读迈克尔·崔等人（Chui *et al.*，2018）所著的原创论文[2]。

分析数据与 AI 对现有商业模式的影响

如果想分析你所在的行业，那么你要着眼于未来的供求关系、客户价值、产品和服务可能发生的变革，以及这些变革给你的公司带来的危机和机遇。分析当前的收入流、成本结构、客户期望、供应商和竞争对手并研究这些因素在未来几年可能发生的变化，不失为一个好办法。数据与 AI 驱动的数字化转型不限于内部流程的数字化和优化，还应涵盖客户方的商业模式和即将到来的商机。新的商业模式可能需要调拨公司传统业务的资源，以避免竞争对手窃取市场份额。

重新思考当前的商业模式

当数据、AI 与数字化变革改变你所在的行业时，当前的商业模式和企业战略可能无法维持。这就有必要思考如下五个问题：

● 未来的收入流将如何变化？

例如，从报纸的发行收入到网络新闻的广告收入。

● 未来的成本结构将如何变化？

例如，银行业务的后台流程将把重心从人工转移到机器智能。

● 未来的客户期望将如何变化？

例如，之前客户从经销商那里买车，现在他们以网约的方式租车。

● 未来的供应网络将如何变化？

例如，从传统供应链到物联网驱动的工业 4.0。

● 未来的竞争对手将如何变化？

例如，先前的竞争对手是传统的医疗公司，现在面对的是涉足医疗行业的科技公司［谷歌母公司字母表（Alphabet）于 2013—2017 年申请了 186 项健康相关专利］。

数据与 AI 为商业模式的数字化转型创造了新的可能性，因此，对现有的商业模式进行实质性的改变是必要之举。例如，有了通过语音助手与客户互动的能力，一家消费品公司可能会改变战略，将重点从实体产品转移到嵌入语音识别功能的 AI 产品上。

为企业规划新的战略和愿景

很重要的一点是，上层管理人员要共同规划新的战略和愿景，共同秉持改革后的核心理念。由于数字变革的力量，当前的核心理念很可能被颠覆。简而言之，这为两个重要的战略问题"我们要在哪里发展？"和"我们如何取胜？"提供了答案。举办高管培训课程、成长方法研讨会，举办访谈，与执行管理层、董事会成员和高级利益相关者开展讨论，这些都有助于规划新的战略和愿景，明确核心理念以及由此产生的转型重点。其中有些可能比较含蓄和隐蔽，需要通过试错来发现。要使战略、愿景以及潜在的核心理念尽可能地明确，并达成共识，获得公司领导层的支持，并与组织的其他成员共享。新的战略和愿景将对战略目标、衡量标准、组织结构和激励计划产生重大影响。企业战略应当建立在作为目标蓝图的商业愿景之上，并涵盖整个组织的长期目标，指明实现新商业模式的发展方向。

案例研究

一家消费品公司的数据与 AI 战略

愿景和战略

商业愿景

我们希望成长为一个数字化生态系统，让我们的客户享受到与消费品配套的数字服务，并让我们能够与客户形成直接联系。

核心理念之一：我们必须在数字化领域中拥有客户关系

消费品市场主体正在从传统零售商向在线零售商转变。过去，所有客户关系都是通过我们的零售商来管理的。而未来，消费品公司需要围绕自己提供的消费品创建数字化生态系统，从而拥有维系客户关系的主动权。通过数据与 AI，我们可以与数百万客户建立有意义的客户关系，提高客户的参与度、忠诚度和转换率。

核心理念之二：我们需要利用数据与 AI 对客户支持系统进行大幅优化并实现自动化，以服务广大的客户群

为了与广大的客户群形成有意义的关系，我们的客户服务需要以 AI 优先的方式全面重建。大部分的客户支持案例应通过算法和业务规则进行自动处理。我们的客户服务可通过数字化工具赋能，从而更好地为客户提供服务。

在制定新的企业战略时，有必要参考目标蓝图对本公司的现状进行评估，以确定现状与商业愿景之间的差距。这将有助于以后制定新的战略目标或完善当前的战略目标，并提供衡量基线，以确定公司在哪些领域取得了进展。现状评估的内容包括：公司的人力资源中目前有哪些技能与数据或 AI 相关、公司目前可用的数据产品的数量、目前的数据产品用户数量、数据产品产生的成本与利润信息等。这听起来容易，但细节决定成败。企业战略往往没有系统的明文规定，可能分散在各个业务部门，或者业已过时，往往过于宽泛，操作性不佳。数据与 AI 战略应该以一种公司所有员工都容易理解的方式，说明它如何改变了企业战略中的现有目标。

根据新的战略和愿景确定 OKR

数字化领军者经常使用公司 OKR 来定义他们的目标并衡量绩效，以使整个组织在共同目标下凝成一股力。你的公司同样可以采用这个方法来激励每个人向着共同的数字化转型目标奋斗，促进各个业务部门在数字化转型中各尽其职。目标需要明确表述一定时期内所要达到的成就，例如"所有员工都应该对数据与 AI 有基本的了解"。通常须设定三到五个目标，而每个目标有三到五个关键成果。关键成果应体现目标实现过程中的细节，通常是定量且容易衡量的。对上文的例子来说，相应的关键成果可以是：

（1）80% 的员工顺利完成了数据与 AI 的基础课程。

（2）50% 的员工安装了新的内部自助服务分析工具。

（3）20% 的员工参加了内部数据与 AI 挑战赛，就如何改善公司对数据与 AI 的利用提出了自己的想法。

OKR 的优点是结构化程度高、透明、容易监督。OKR 只规定了应该实现什么，而没有限定如何实现，因此参与的团队拥有很大的自主权。无论是整个公司还是单个团队，无论是内部目标还是外部目标，无论是战略目标还是更注重过程的目标，OKR 都是适用的。

商业模式和公司核心理念的变化往往是重大的，需要对现有的战略目标进行修订。例如，为了立于不败之地，一家旅游公司可能需要将业务重点转向移动技术和个性化体验，战略目标也需要随之改变。如果当前的商业模式在转型后仍然有效，那么可能只需要对企业战略目标进行较小的调整。而更可能发生的情况是，需要制定新的目标或扩展当前的目标。企业战略中的目标应该是具体的、可衡量的、可行的、务实的、有时限的（specific，measurable，achievable，realistic and time bound，SMART）。

案例研究

一家消费品公司的数据与 AI 战略

公司目标

目标 1：构建数字化平台生态系统，推动销售和营销，提升客户忠诚度。

目标 2：通过自动化和知识整合增强客户支持能力。

与敏捷方法类似，OKR 也是围绕着规划、审查和回顾性会议的周期来构建的，以不断进行监测和改进。相应地，采用 OKR 还有一个额外的优势，就是可以在组织中持续实施周期性的改进，这在公司的运作方式向敏捷文化转变时会带来很大便利。要对公司的投资和指导原则进行调整，以充分支持 OKR，并遵循零基预算原则，以便在任何时期都能给予 OKR 最佳支持。

企业战略和商业愿景的变革需要辅以正确的数据产品、能力与技术，需要转型并采取文化优先的策略。上述每一项都将为企业战略添加进一步的目标和关键成果。

确定 OKR 的衡量标准、基线和指标

关键成果是实现每项目标的可衡量的步骤。因此，每项关键成果都需要量化的标准。而每个标准都需要添加基线和指标，这样它才是可衡量的。例如，在客户服务中，提高客户满意度这一目标，可以通过计算调查中对服务满意的客户的百分比来衡量。另举一个例子，提高生产效率的目标，可以用每件产品的生产成本这一标准来衡量。这些指标是判定数据与 AI 战略成功与否的基础，可以在后期帮助你决定优先考虑哪些数据产品。

案例研究

一家消费品公司的数据与 AI 战略

目标 1：构建数字化平台生态系统，推动销售和营销，提升客户忠诚度。

主要成果（包括基线和指标）：

● 到本季度末，将以净推荐值衡量的客户忠诚度从 7.2 提高到 8.5。

● 到本季度末，将流失率从 35% 降至 25%。

● 将交叉销售和追加销售的占比从 12% 提高到 16%。

● 通过动态定价将利润率从 3.5% 提高到 3.7%。

目标 2：通过自动化和知识整合强化客户支持能力。

主要成果（包括基线和指标）：

● 在不需要人工干预的情况下，单纯由网站提供的客户支持占比从 20% 提高到 30%。

● 电子邮件和短信的自动回复率达到 65%（目前为 37%）。

- 将新客服员工的入职培训时间从 12 分钟减少到 5 分钟。

- 自动回答 80% 的常见问题（目前为 50%）。

创建数据产品战略

数据产品战略是数据与 AI 战略中最具影响力的部分。数据产品可以直接帮助实现公司新愿景和战略中的 OKR，例如，提升客户体验、增加在线销售量、提高赢利能力、优化成本销售比。举例来说，如果一款数据产品可以在线为客户提供个性化的交叉销售建议，那就可以提升公司的销售量。通过提供数据与 AI 驱动的软件产品，实现新的商业模式和企业战略，能够将愿景变成现实。数据产品战略决定了我们计划利用数据与 AI 在企业内做什么来创造价值。从根本上来说，数据产品战略决定了数据产品将在哪些方面重点为公司的成功做出贡献。如果没有数据产品战略，一个公司很快就会分散注意力，将资源分配到无法创造价值或产生协同效应的一堆项目中。

在这一阶段，实际的数据产品仍有待确定和评估。因此，数据产品战略只是对重点领域（下文称为数据产品领域）的数据产品的高层次见解，而这些数据产品是根据数据产品组合的优先级确定的。数据产品战略将通过每个数据产品领域的实际数据产品设计阶段来实现，这部分将在第 3 章进一步讨论。在每个数据产品领域的数据产品设计之后，可能需要更新数据产品战略，以反映实际的商业机遇。影响力很强但不符合数据产品战略的数据产品创意可能会被调低优先级，甚至从清单中完全删除，因为它们不符合战略设定的重点。数据产品战略通常是企业能力和转型战略的核心和基础，因为它为产生商业价值、采用新的业务模式和实现新的商业愿景提供了一条途径。

数据与 AI 战略中的数据产品战略涉及：

- 了解机器学习产品方法的优势。
- 定义业务范围和数据产品领域。
- 确定数据产品战略的 OKR。
- 在数据产品的整个生命周期内对其进行管理。
- 数据产品货币化。

为什么要从产品角度看待机器学习？

从产品的角度而不是项目的角度来看待数据科学和机器学习，可以帮助应对前面提到的将机器学习投入生产和应用时遇到的诸多挑战。项目的设计通常是为了快速展示如何从数据中创造价值，然而，由于并没有依据数据产品的整个生命周期去规划，一旦项目显示出价值，后续的实施和推广通常缺乏严格的逻辑。此外，许多数据科学和机器学习项目只关注算法和模型，而忽视了部署和操作这些算法和模型所涉及的重要方面。

与基于项目的方法相比，基于产品的方法有如下优势：

- 数据产品提供的不仅仅是"赤裸裸"的算法，还有业务问题的整体解决方案，它的表现形式是在可扩展的架构上运行的软件。
- 产品经理需要对数据产品从创意到运营端对端地负责，以确保成功。
- 新数据产品的每个设计都需要提前考虑上线路径和产品运维。
- 数据产品可以比项目更容易模块化。

- 将初始产出的重点放在最小化可行产品（minimum viable product，MVP）上会更容易。
- 数据产品比项目更容易上市。
- 产品视角更符合敏捷方法论。
- 其他领域更注重产品的可推广性和可重用性。

定义业务范围和数据产品领域

数据产品战略的主要功能是定义数据产品领域。数据产品领域应与愿景和战略相一致，并有助于实现公司的 OKR，但不一定需要与之重合。数据产品领域可以与特定的业务职能（如营销）或天生跨职能的特定 OKR（如管理质量）相联系。一个主要的设计决策是在数据与 AI 战略中为数据产品战略设定一个组织范围。它取决于给定的任务、可行的操作以及一系列纯粹的战略考虑。

例如，针对以下情况，需要将重点放在一个特定的业务部门：

- 你的职权仅限于该业务部门；
- 基于你现有的资源或执行能力，在同一时间内不可能专注于一个以上的业务部门；
- 你要向公司的其他业务部门展示快速成功的案例以激励其行动；
- 这一业务部门是最配合、最投入的；
- 你公司的董事会或赞助商对该业务部门最感兴趣。

数据产品战略、能力战略和转型战略的组织范围可能有所不同。比方说，如果 CDOs 将重点放在自己的数据产品交付组织上，那么他们对产品组合就不会过于关注，以确保该重点的执行力和可行性及其作为指路明灯的定位，同时他们会支持组织的其他部分发展数据与 AI 能力并调整业务。另一种策略可以完全相反。如果 CDOs 负责横跨不同业务部门的数据产品的组合交付，他们可能希望选择更广泛的产品组合范围，而将能力和转型策略局限在几个优先的业务部门。所有组合都是可能的，并应反映 CDOs 所在公司的授权和设置。对于应该纳入业务重塑范围以符合改变后的业务模型和愿景的业务部门，我们的建议是一个接一个地考虑，而不是同时考虑。把所有相关的业务部门放在一起考量，可能会迅速分散专注力，影响当务之急。业务部门之间可能会有共通之处，达到协同效应。每个数据产品领域都专注于战略和愿景的一个部分。下面是一项数据产品领域的案例研究。

案例研究

一家消费品公司的数据与 AI 战略

数据产品领域

1. 营销

● 直接为公司贡献 OKR 1。

● 范围：欧洲各营销部门。

2. 客户支持

● 直接为公司贡献 OKR 2。

● 范围：北美洲和欧洲各客户服务部门。

为数据产品领域制定 OKR 和里程碑

在选定作为数据产品战略重点的数据产品领域后，需要确定每个数据产品领域的目标和关键成果。一个数据产品领域下也可以有多个目标。我们建议每个目标的关键成果数量控制在五个以内，这样数据产品战略对组织中的每个人来说都容易理解。应对目标和关键成果设置量化标准，以对其贡献进行衡量。

案例研究

一家消费品公司的数据与 AI 战略

数据产品领域的 OKR

营销领域

- 目标：开发数据产品，提升客户忠诚度和销售额，优化定价。
- 主要成果：
  - 设计一款优化定价的数据产品。
  - 验证一款用于流失率预测的数据产品。
  - 提供数据产品，使交叉销售和追加销售的机会至少增加 5%。

客户支持领域

- 目标：利用自然语言处理和算法，直接或是通过客户服务代理支持客户，实现客户服务自动化。
- 主要成果：
  - 至少设计三款在没有人工服务的情况下能够提高网站支持水平的数据产品。
  - 验证两款自动回复邮件的数据产品。
  - 通过提供数据产品，能够将新客服员工的入职培训时间减少两分钟。

在数据产品的整个生命周期内对其进行管理

每一款数据产品都会经历一个从构思到退役的生命周期。在其生命周期六个阶段的每个关口，都会有个质量把关的环节，包括制定核查清单和明确责任归属，以确保数据产品满足所有的标准，可以继续进行下一阶段的工作。数据产品的创意诞生于数据产品战略的业务领域中，而且是根据商业价值、可行性以及对整体战略和愿景的贡献来确定优先级的。而匹配度最佳的数据产品创意则是从产品、业务、用户、可行性和合规性等角度来选定的，如果有些创意不能满足其中一个角度的既定质量标准，就会被淘汰掉。最后，被筛选出来的一系列数据产品创意需要在快速原型设计过程中接受验证，目的是让无法达到期望值的创意快速失败，避免浪费宝贵的资源。想出绝妙的数据产品创意绝非易事，因为数据产品的效能高度依赖于业务流程，依赖于该业务领域中使用的其他软件产品，也取决于有哪些数据可供利用。因此，整个过程就像一个大漏斗，大量的数据产品创意候选项从最上面输入，每经过一步都会变少。同时，数据产品创意每走一步，真正发挥作用并产生足够强的业务影响力的可能性就会提高。在这个过程的最后，随着新的洞见产生，数据产品策略可以根据这一学习过程及其成果进行修改和更新。

数据产品的生命周期总体上有六个阶段：

1. **提出数据产品创意**：需要根据数据产品战略中设定的优先事项，构思数据产品创意并确定其优先次序。

2. **设计数据产品**：根据产品特点、商业价值、目标用户、可行性、道德和合规性，实施优先级高的数据产品创意，并根据一系列标准对创意进一步筛选。

---

3. **验证数据产品**：利用快速原型验证每一个保留下来的数据产品创意，如果成功，则着手准备开发。

4. **规划数据产品的交付**：进一步确定 MVP，规划开发、部署、运行和推广。

5. **开发和部署数据产品**：在敏捷冲刺（agile sprints）中开发和记录数据产品，并将其部署到生产中。

6. **运行和推广数据产品**：运行、支持、推广和维护数据产品，将其扩展到更大的业务范围内以充分发挥其价值。

数据产品的交付始于规划阶段。在这一阶段，要对数据产品的开发、测试、部署、运行、维护和推广等所有方面进行彻底规划。之后是开发和部署阶段。其间，要使用敏捷方法在一系列开发冲刺中应用数据产品，并将其记录为 MVP。此外，测试和部署可以确保数据产品达到所有质量标准和用户期望，而建立部署管道则可以为数据产品上线后的持续开发和集成打下基础。在此阶段结束时，数据产品离开测试环境，正式运行于生产环境。在最后阶段，数据产品以 DevOps 模式进行运维，并不断推广。这意味着这个阶段任务的承担者跟开发数据产品的是同一个团队。在这一阶段，通过增加产品功能，以及尽可能地将数据产品应用于更多的用户群体，可以扩大数据产品的使用范围，例如可以将数据产品推广到其他市场或生产基地。数据产品在其生命周期的某个阶段，可能会不再被需要，或者被新的数据产品取代。因此，大多数数据产品迟早会走到生命周期的尽头，"光荣退役"。

数据产品的货币化

在某些情况下，可以将数据产品出售给第三方以产生新的数据流，从而实现货币化。笔者观察到数据产品货币化的几种类型。一种是出售有质量保证但未经优化的原始数据，例如，由记录天气状况的设备收集的原始传感器数据。另一种相关的货币化类型是通过进一步的处理、完善和高级分析，使数据更为丰满。例如，对传感器数据进行分析，可以识别出那些用于预测天气变化的事件。这些新数据将作为增强型数据出售。出售原始数据和出售增强型数据这两种情况，都是数据代理商的典型收入来源。必须牢记的是，出售数据必须有法律依据，要保护个人数据，必要时须征得客户同意。还有一种完全不同的数据产品货币化类型，它不是出售数据，而是出售 AI 服务和算法。一种方法是将数据生成分析模型和算法，作为一种服务来提供，客户使用自己的数据，按照类似的模式来利用预先训练好的模型。例如，金融科技公司将欺诈检测算法作为服务提供给各家银行。另一种方法是提供全新的商业服务，例如为你规划旅游行程，这种服务得益于一批数据产品，从而变得非常智能。最后，数据产品还可以作为其他公司客户生态系统的基础，该公司则可能需要为其支付使用费。数据产品战略是进一步提升能力和改进技术的前提，也是实现转型和实施文化战略的基础，我们将在下面几个部分中探讨。

衍生能力战略

能力战略决定了我们需要发展哪些能力才能在数据与 AI 领域无往不胜。组织和技术能力是实际交付数据产品的战略所需要的。如果不能充分发展所需的能力，也就意味着无法提供价值。能力战略是数据与 AI 战略的第三个支柱。前两个支柱为利用数据与 AI 创造价值提供了总体方向和重点；而能力战略则着眼于组织和技术方面，这是为了数据产品战略和愿景中所规划的数据产品能够顺利交付。数据产品需要在最先进的敏捷数据基础设施上运行，并且必须得到运营、维护和支持。必须创建数据管道，将数据从源头传输到数据湖，并将其转换为正确的格式，以作为高质量的特征提供给机器学习算法。提供给数据产品的数据需要在一份数据目录中得到充分的阐释和描述；而且我们需要不断监控数据质量，必要时对数据质量进行改进。数据产品在法律和道德层面同样需要管理，这可能是一项非常复杂的工作，而且往往事关未曾涉足的新领域。还需要为业务部门的数据产品使用者提供报告、项目仪表盘和自助服务工具，以便实现业务智能化。许多数据产品的开发都需要额外的前后端功能，所有软件组件都应通过持续集成 / 持续交付（CI/CD）管道交付（详见第 4 章），以便在不干扰生产系统的前提下确保持续的集成和部署。

能力战略应包括：

- 确定组织和技术能力的目标蓝图。
- 评估目前的能力，以确定与目标蓝图的差距。
- 为能力战略制定 OKR。

确定组织和技术能力的目标蓝图

我们首先要根据数据产品战略中提出的优先事项确定核心能力。要想玩转数据和 AI，除了机器学习和数据科学，还有许多种能力都是必需的。因此，第一步就是要为组织设置和技术架构绘制目标蓝图。目标蓝图包括实施数据产品战略所需的所有核心能力。

清单

确定能力、组织和技术的目标蓝图

- 识别数据与 AI 的核心能力；

- 定义角色和责任；

- 设计组织架构；

- 制定流程和指导机制；

- 规划数据基础设施和中央数据存储库；

- 建立数据产品架构和开发标准；

- 创建数据与 AI 治理方法。

第 5 章和第 6 章分别讨论了组织方面和技术方面的指导方针和最佳实践。无论组织能力还是技术能力，都需要组织、业务流程和技术背景的潜在变革。要想知道一个能力领域的价值，只需看看该能力领域支持着数据产品战略的哪些部分。

案例研究

一家消费品公司的数据与 AI 战略

能力领域：机器学习和数据科学

- 能力定义：创建、测试、部署和运行高质量机器学习和数据科学模型的能力。

- 对数据产品战略的影响范围：所有需要机器学习模型的数据产品。

能力领域：数据基础设施和运维

● 能力定义：构建、测试、部署和运行最先进的数据与 AI 平台以
及运行、支持和维护数据的能力。

● 对数据产品战略的影响范围：所有数据产品。

评估目前的能力，以确定与目标蓝图的差距

接下来，我们需要在所有业务部门的范围内，对目前的状况进行
评估，以确定为实现目标蓝图还需要发展何种能力；对现有组织中的
每一项能力进行检查，根据该能力相对于目标蓝图的成熟度，以"非
常低""低""中""高"和"非常高"五个等级进行评估，从而确定距
离实现目标蓝图还存在哪些差距。这些不足将会作为制定能力战略中
OKR 的起点。

案例研究

一家消费品公司的数据与 AI 战略

能力领域：机器学习和数据科学

● 当前成熟度评估：低。

● 已达成：聘用了第一批数据科学家。

● 不足：到目前为止，机器学习的流程和质量把关机制还没有建
立起来。

● 不足：缺少适当的数据科学工具。

能力领域：数据基础设施和运维

● 当前成熟度评估：中。

● 已达成：云计算基础设施启动，团队建立。

- 不足：团队和基础设施有待完善，尚未运行。
- 不足：云计算基础设施和既有基础设施不能互操作。

为能力战略制定 OKR 和里程碑

能力战略的目标应以目标蓝图和对现状的评估为基础，每个目标应侧重于其中的一种能力，我们进一步称之为能力领域。能力领域应通过制定关键成果进一步细化。可以为每个能力领域设置一个或多个衡量标准，据此追踪能力的完成度和成熟度。最后我们不要忘记设定里程碑。所有的里程碑共同构成了能力路线图。还有非常重要的一点是，要确定实施能力路线图所需的资源，这通常需要未来几个季度或几年的计划（取决于你的公司的规划范围）。下面是关于数据与 AI 能力战略的一个简单示例。

案例研究

一家消费品公司的数据与 AI 战略

能力领域：机器学习和数据科学

- 目标：构建最高水准的机器学习和数据科学能力。
- 主要成果：
  - 第一年第二季度：成立新的机器学习和数据科学部门。
  - 第一年第二季度：引入适当的数据科学工具（如 Anaconda）。
  - 第二年第二季度：定义并实施机器学习和数据科学的流程、标准和质量控制。
- 衡量标准：
  - 部署高质量的机器学习和数据科学模型。

能力领域：数据基础设施和运维

- 目标：建立最先进的数据基础设施和运维体系。
- 主要成果：
  - 第一年第三季度：数据基础设施和运维团队全面运行。
  - 第二年第二季度：确保云计算基础设施和既有基础设施的互操作性，规范数据运维流程，并对其进行监控。
- 衡量标准：
  - 数据平台的安全性、可靠性和敏捷性指标。
  - 事件处置时间。
  - 事件数量。

开发转型战略

转型战略是你的战略和愿景的第四个支柱。转型战略决定了公司应该以何种方式勉力完成转型，以及如何激发士气接受变革，营造数据与 AI 主导的企业文化。在前几个阶段，我们重新规划了企业战略和商业愿景，定义了数据产品战略，并且制定了能力战略来支持前者的实施。为了使产品交付和能力建设活动取得成功，营造数据与 AI 主导的企业文化，有些变革活动是不可或缺的，而这正是转型战略的焦点所在。此外，产品、能力和转型战略的目标和里程碑会被整合进一幅联合路线图中，用于实施新的企业战略和商业愿景。联合转型路线图应随附一份总体视图，上有可达成的目标和可跟踪的指标，用来监控数据与 AI 战略的实施效果。如果没有转型战略，你可能会遭遇来自员工和利益相关者的许多内外部阻力，你的产品战略、能力战略和你所计划的变革管理活动之间还可能会发生错位。

数据与 AI 的转型战略应包括：

- 为你公司的转型之路讲好故事；
- 确定实施战略和实现愿景所需的变革活动；
- 为变革活动制定 OKR 和里程碑；
- 将变革活动同数据产品战略、能力战略协调起来；
- 设计转型路线图并跟踪其进展情况。

为你公司的转型之路讲好故事

在利用数据与 AI 推动数字化转型时，公司领导者必须面对许多不确定因素，而且要下大赌注，这意味着讲好故事对于转型的成功至关重要。好的故事是威力强大的，而且引人入胜。因此，进行数字化转型，聚焦数据与 AI，第一步就是领导层要打造一个协同一致的商业愿景并讲述转型的故事。这个故事应该讲到我们现在是谁、中间步骤是什么，以及商业愿景实现之后是什么样的。从一开始，讲好了故事，利益相关者和员工就有了摆正期望的机会，知道在什么时间点可以期待什么。这样，即使是很小的一步，在他们眼里也是朝着更大的目标迈出的正确一步，是成功的代名词。商业愿景和转型故事不应该仅仅是被动的、基于外部压力的，例如宣称"有竞争对手威胁到了我们的商业模式，我们必须采用数据与 AI 进行数字化转型"。相反，这个故事应该是更主动、更积极的，例如，"我们的目标是使用数据与 AI 创造新的收入"。

故事的重点应该是修订后的企业战略，以及企业如何应对从当前业务模式向新业务模式的转型。数据与 AI 战略中正式规定了有关数据产品、能力和变革活动的转型关键步骤。现在，这个总体战略目标也必须明确说明，为什么这对员工同样重要。在员工需求的层次结构中，公司的生存是基础，但其上还有更多的需求，如报酬、晋升和公司内部的新工作机会，这些都应该得到适当的满足。有些员工会想知道新的战略和愿景是否需要他们接受培训，是否会在日常工作中加入不同的任务，而另一些员工则急于知道是否有新的角色和机会供他们在组织中晋升。很多传统行业的各级管理者都很焦虑，因为他们感到自己对数据与 AI 缺乏足够的准备和了解，害怕失去为之奋斗一生的管理岗位。在数据与 AI 转型过程的初期，领导层可能没有这些问题的全部答案，但他们必须表示会将这些问题的解决纳入战略，并随时分享最新进展。

优秀的创新故事类型[3]：

- "最优秀的人先出手"（best beats first）：追随者发现了曾被竞争对手错失的机会；
- "再创大师"（master of re-invention）：颠覆核心业务的勇气；
- "偶然发现"（serendipitous discovery）：经历一个惊喜时刻；
- "坚持"（persistence）：哪怕需要多次尝试，也要坚持下去；
- "不讲理的人"（unreasonable person）：围绕一个有远见的领头人；
- "变革之风"（winds of change）：认清趋势并采取相应的行动。

员工需要了解数据与 AI 会如何改变企业，以及他们在转型中扮演什么样的角色。一个行之有效的方法是展示相关的数据，比如我们可以这样讲："经预测，如果我们在未来三年内不进行数字化转型，我们将损失 35% 的收入，错过 28% 的成本削减。由于我们没有抓住新数据产品的机会，市场份额也将从 23% 下降到 12%。"一旦每个员工都意识到转

型的重要性，他们就会更愿意支持这个过程。

确定实施战略和实现愿景所需的变革活动

数据与 AI 驱动的数字化转型还会带来许多文化方面的挑战。因此，为了实施全新的企业战略和商业愿景、提高能力和开发新的数据产品而在组织核心中进行的变革管理活动，尤须我们关注。CDOs 必须确保在进行变革的同时开展适当的变革管理活动，如教育、培训、沟通和激励制度调整。

数据与 AI 驱动的数字化转型带来的文化挑战举例：

- 对于数据、AI 及其产品推动的数字化转型，重要的外部利益相关者是否有足够的接受度，我们能否提高他们的接受度？
- 当我们为某一工作领域开发机器学习算法和数据产品时，如何获得这一领域员工的支持？
- 如何提高中层、上层及最高管理层对数据与 AI 的支持水平？
- 信息技术和业务对真正的敏捷流程、模块化软件开发和云平台的开放程度如何，如何扩大开放程度？
- 其他业务部门对数据与 AI 的理解和支持程度如何，又该如何改进？

变革管理和转型的程度实际上取决于组织的成熟度和文化。在数据与 AI 程度极高的企业中，跨部门共享数据以进一步实现核心业务流程自动化可能算不得大事，因为许多其他核心业务流程可能已经经历了一些变革。即便如此，变革依然可能会给一部分人带来相较他人更为直接的影响，这些人应得到特殊的关照。而在不太成熟的企业中，跨部门数据共享和采用机器学习推动核心业务流程的自动化，可能是一项艰难之举，因为许多机制尚不完备，且变革可能被视为威胁。

设计变革管理活动涉及:

- 评估数据与 AI 文化的现状,找出差距;

- 采取鼓励工作人员和利益相关者支持变革的措施;

- 为工作人员和利益相关者制订培训和教育方案;

- 建立沟通渠道;

- 为变革活动的实施分配适当数量的资源。

首要的步骤是了解新的企业战略和商业愿景、数据产品战略以及能力战略所要求的变革程度。接着,要对变革范围内各业务部门当前的数据与 AI 文化进行快速评估。在很多情况下,制定激励措施对那些在即将到来的变革中受负面影响的员工和利益相关者进行补偿,是非常有必要的。例如,如果企业不再需要某些人工任务了,管理者应该向员工和利益相关者解释他们在未来会扮演什么样的角色,企业对他们的期望是什么,以及如何弥补他们的损失。应给予需要提升技能或学习额外技能的员工和利益相关者适当的培训和教育机会。此外,还必须制定适当的宣传战略,说明未来将发生什么变化,对工作人员和利益相关者有什么要求,以及这些变化能为他们带来什么。最后,要制定转型战略路线图,并分配实施转型战略所需的资源,目标是为 CDOs、员工和利益相关者实现共赢。

为变革活动制定 OKR 和里程碑

根据变革管理的需要,为变革管理活动确定包括衡量标准在内的 OKR 也必不可少。每个目标都侧重于变革方案的特定方面。在如下例子中,第一个目标侧重于教育和技能,而第二个目标旨在为员工和利益相关者制定激励和补偿措施，使其参与变革过程，并对转型持更加支持和开放的态度。关键成果和相关衡量标准是针对各个目标专门制定的。在以下第一个变革活动案例中，教育和培训工作致力于提高员工、高层管理人员和其他利益相关者对数据与 AI 的认识和理解，并使员工适应新角色或调整后的角色。在第二个变革活动案例中，关键成果是在受变革影响的员工和利益相关者中，尽可能多地提高受激励和补偿者的比例，以获得他们对变革最大限度的支持。对于所有的目标和关键成果，可将目前的状态作为评估基线，同时定义关键的里程碑。

案例研究

一家消费品公司的数据与 AI 战略

变革活动

变革活动 1：教育和培训

- 目标：培养技能，增强对数据与 AI 的理解。

- 说明：创造培训和教育机会，确保员工广泛了解并接纳数据与 AI。

- 关键成果：

  ◎ 员工对数据与 AI 有基本了解。

  ◎ 利益相关者对数据与 AI 有基本了解。

  ◎ 高层管理者对数据与 AI 有基本了解。

  ◎ 进一步对员工进行专项培训，让他们适应新的角色，学会操作。

  ◎ 适应 AI 的业务流程。

- 衡量标准：

  ◎ 相关员工、利益相关者以及对数据与 AI 有较高认识和理解的员工的比例。

  ◎ 为适应新的角色、职责和程序而接受培训的员工人数。

- 对产品和能力战略的影响：对所有数据产品和能力都有影响。
- 目前成熟度：低。
- 里程碑：
  - 第一年第一季度：完成对员工、利益相关者和行政人员的基础培训。
  - 第二年第三季度：完成对员工的专项培训。

变革活动 2：激励和补偿

- 目标：为员工和利益相关者制定激励措施，使其支持变革。
- 说明：确定受影响的员工和利益相关者（他们很有可能会对数据与 AI 战略的实施表现出抵触情绪），找到适当的方法来激励他们。
- 关键成果：
  - 激励员工和利益相关者支持每个数据产品领域的变革。
  - 激励员工和利益相关者理解并支持数据与 AI 相关能力建设。
- 衡量标准：
  - 受激励而支持各数据产品领域的变革并正在培养数据与 AI 相关能力的员工的比例。
  - 受激励而支持各数据产品领域的变革并正在培养数据与 AI 相关能力的利益相关者的比例。
- 对产品和能力战略的影响：对所有数据产品和能力都有影响。
- 目前成熟度：中
- 里程碑：
  - 第一年第三季度：制订员工激励方案。
  - 第二年第四季度：制订利益相关者激励方案。

将变革活动同数据产品战略、能力战略协调起来

转型路线图决定了我们计划何时在组织中使用数据与 AI，并将四方面（即战略、产品、能力和转型）的所有目标和里程碑结合在一起，形成一套联合路线图。为了达到最好的效果，这四方面应该直接相互支持。因此，转型战略的目标是将三个领域整合到一幅共同的路线图中，使其连贯、契合。首要的是协调数据产品领域、能力领域和变革活动的范围，确保三者之间存在明显的交叠，并在活动过程中对原计划进行微调，使三者相互支持。如果数据产品战略关注的是需要大量自然语言处理的数据产品，那么这一点就应该在能力战略中体现出来。一如既往，时机就是一切。如果变革管理活动来得太晚，可能会影响人们对一个甚至多个关键数据产品应用的接受度。执行产品战略、能力战略和变革路线图所需的所有资源都须经过统一的规划、协调和批准，以确保它们能够真正地相辅相成。

清单

数据与 AI 的转型路线图应做到：

- 确保三项战略的范围充分交叠并相互支持；
- 协调活动的内容和时间；
- 为数据与 AI 创建关于 OKR 的总体视图；
- 为整个数据与 AI 战略的实施分配资源；
- 跟踪整个数据与 AI 战略的实施进度。

从根本上说，企业战略和商业愿景的核心是公司 OKR，因为它们决定了为何要在组织中利用数据与 AI，以及要用数据与 AI 做什么。正

如前文所述，能力战略增强了对产品战略中涉及的数据产品进行交付所需的能力（图 2.2）。有大量的核心能力与所有数据产品领域都息息相关。比如，开发和运行数据与 AI 平台，需要在平台上部署和运行数据产品的能力，以及管理平台数据的能力。机器学习的基本形式，如监督学习的标准化方法，可能也是所有产品领域都需要的，而更具体的机器学习类型，如语音和图像识别，则取决于产品领域的确切需求。同样，能力战略和数据产品战略的实现还需要员工和利益相关者的支持，因此需要进行某些变革活动。为了让业务部门的专家理解机器学习算法并利用其算法结果促进部门核心业务流程的自动化，可能需要对他们进行培训。综上所述，产品领域的里程碑将依赖于能力战略和转型战略的里程碑，在设计转型路线图时就要考虑到这些依赖性。

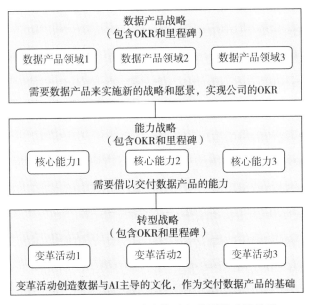

图 2.2 产品战略、能力战略与转型战略的关系

设计转型路线图并跟踪其进展情况

当我们设计转型路线图时，首先要将数据产品战略、能力战略和转型战略的所有里程碑汇集到同一个表单中，如下面案例所示。在这个案例中，我们将前文提及的消费品公司的例子结合到了一起。

案例研究

一家消费品公司的数据与 AI 战略

数据产品战略的里程碑

数据产品领域 1：营销

● 数据产品里程碑 P1.1：MVP 上线，以提高与主要产品之配件的交叉销售→计划时间为第一年第三季度。

● 数据产品里程碑 P1.2：MVP 上线，用于创建 A/B 测试，检验主要产品的定价敏感性→计划时间为第二年第三季度。

（此处略）

能力战略的里程碑

能力领域 1：机器学习和数据科学

● 能力里程碑 C1.1：设立新的机器学习和数据科学部门，引进适当的数据科学工具（如 Anaconda）→计划时间为第一年第二季度。

● 能力里程碑 C1.2：制定并实施机器学习和数据科学的流程、标准和质量控制系统→计划时间为第二年第二季度。

（此处略）

转型战略的里程碑

变革活动 1：教育和培训

● 转型里程碑 T1.1：完成员工、利益相关者和管理人员的基础培训→计划时间为第一年第一季度。

● 转型里程碑 T1.2：完成员工的专项培训→计划时间为第二年第三季度。

（此处略）

接下来，我们要确定里程碑之间的依赖关系，以了解哪个里程碑因为依赖关系需要移动。这可以通过显示里程碑之间相互依赖关系的表格来实现，见表 2.1。如果存在依赖性方面的冲突，比如里程碑 A 依赖于里程碑 B，但在 B 到期之前 A 就已经到期了，那么在保证可行性和合理性的情况下，我们需要移动 B 以使其符合 A 的时效，或者把 A 移到 B 之后。

表 2.1　一家消费品公司的里程碑之间的依赖关系

里程碑	P1.1	P1.2	P2.1	P2.2	……
	取决于	取决于	取决于	取决于	
C1.1	●	●	●	●	
C1.2		●			
C2.1	●	●	●	●	
C2.2		●			
……					
T1.1	●	●	●	●	
T1.2				●	
……					

最后，在解决了里程碑之间的冲突后，所有里程碑都可以在转型路线图中显示出来，其简明关系如表 2.2 所示。这套路线图考虑了所有依赖性，以确保实现数据与 AI 战略的总目标和各项指标，成功转型。

表 2.2　一家消费品公司的转型路线图中的简明关系

领域	第一年				第二年			
	第一季度	第二季度	第三季度	第四季度	第一季度	第二季度	第三季度	第四季度
数据产品领域 1：营销			●				●	
数据产品领域 2：客户支持						●		●
（此处略）								
能力领域 1：机器学习与数据科学		●				●		
能力领域 2：数据基础设施及其运维			●			●		
（此处略）								
变革活动 1：教育与培训	●						●	
变革活动 2：激励与补偿			●					●
（此处略）								

在产品战略、能力战略和转型战略制定后，就可以通过其中确定的里程碑和对 OKR 的落实来跟踪转型的进展。

有关战略和愿景的经验教训

数据产品战略引领，能力战略与变革活动跟进

在公司的数据与 AI 预算中，投入产品、能力和变革中的预算应以何种比例分配？这可能是数据与 AI 战略中最重要的平衡点。战略就是要做出正确的权衡。一种常见错误是倾尽全力投资能力或变革，但不交

付任何产品。另一种常见错误是为了与任何产品无关的能力战略和变革活动进行投资，没有实现协同效应。在这两种情况下，由于很难看到实质成效，董事会和利益相关者会很快感到失望。推荐的做法是将产品、能力和转型战略的范围和路线图统一起来，这样无论是在早期还是在实施过程中的每一步，都会有可用的产品，从而使所有能力和变革活动直接助力产品的开发和应用。

确保为数据与 AI 战略的实施提供足够的资金

为整个数据与 AI 战略的实施提供足够的资金，可能非常具有挑战性。投资的金额可能过高，无法整体实现。想要增加成功概率的话，可以尝试寻找那些备受高管关注的领域，并将其作为主要产品领域纳入数据产品战略。那么，实施数据与 AI 战略需要多少资金呢？回答这个问题需要考虑三个因素：

（1）战略范围；

（2）产品组合的规模；

（3）现有的能力和文化。

如果缺乏足够的预算来实施整个战略，我们建议你缩小数据产品战略的范围，降低程度，以实现交付，并确定组织中哪些追加预算的持有者有望从某一特定数据产品领域的数据产品中直接获益，然后与之接触。很有可能在第一批数据产品交付和能力实现之后，追加预算的持有者会认可你的团队的能力，欣赏你们推出的产品，从而想要参与其中。然后你就可以从这些人所在的领域中找出影响力高的产品，并将其加入产品组合中，这样你就争取到下一小笔预算了。用这种方法，你可以一步步提升数据与 AI 预算的整体规模。

缩小战略与现状之间的差距

须牢记的一点是，你开展的所有活动都要同数据与 AI 战略紧密结合。想要展示数据与 AI 战略的价值，就需要数据产品快速上线，因此，千万不要把 MVP 规模构建得过大。在产品上线后，扩大功能范围是很容易的，无限期地停留在第一款产品的开发阶段是不可取的。要为每个领域的数据产品设定数量限制，并寻求协同效应，以确保交付。要提早规划生产和推广，因为上线的成规模产品会创造大量可见的商业价值。大多数情况下，为采用数据产品，需要改变业务流程。可以创建跨职能团队，让那些使用数据产品的业务部门中受影响的人参与进来，将他们负责的任务自动化。这样一来，就可以开发出能真正解决实际业务问题的产品，提升部门人员按要求改变业务流程并使用数据产品的意愿。

转型路线图模板

表 2.3 可以作为一个模板，用来直观描述数据与 AI 驱动的数字化转型中的所有里程碑。

表 2.3　转型路线图中的里程碑追踪模板

战略	第一年				第二年			
	第一季度	第二季度	第三季度	第四季度	第一季度	第二季度	第三季度	第四季度
数据产品战略								
产品领域 1								
产品领域 2								
产品领域 3								
产品领域 4								
能力战略								
能力领域 1								

续表

战略	第一年				第二年			
	第一季度	第二季度	第三季度	第四季度	第一季度	第二季度	第三季度	第四季度
能力领域 2								
能力领域 3								
能力领域 4								
转型战略								
转型活动 1								
转型活动 2								
转型活动 3								
转型活动 4								

小　结

数据与 AI 转型的核心是新的战略和愿景。它们重新定义了业务模式、企业战略和商业愿景，为数据产品组合以及必须增强的能力和技术设定了优先次序，将所有的内容纳入联合转型路线图中，同时辅以适当的变革管理活动。数据产品战略指明了开发数据产品应该解决的数据产品领域和衡量标准的问题，但并没有明确规定到底应该开发哪些数据产品。这是留待数据产品设计阶段考虑的，下一章将围绕这一点展开讨论。

尾　注

［1］ Chui, M, *et al.*, Notes from the AI frontier: Applications and value of deep learning, McKinsey Global Institute Discussion Paper, April 2018

［2］ Chui, M, *et al.*, Notes from the AI frontier: Applications and value of deep learning, McKinsey Global Institute Discussion Paper, April 2018

［3］ Birkinshaw, J, Telling a good innovation story: Appealing to people's emotions helps new ideas cut through the clutter, *McKinsey Quarterly*, 3, (July 2018) , pp 8–12

03

数据产品设计

本章学习目标

- 学习如何在数据产品领域中构思优秀的数据产品创意
- 学习如何设计从用户出发的新数据产品
- 学习如何验证新的数据产品并测试其可行性
- 了解战略与数据产品设计之间的关系
- 了解如何在产品设计中尽可能地实现再利用，以节省时间
- 了解如何选择合适的参与者进行数据产品构思

设计数据产品的主要原则

产品战略明确了数据与 AI 产品将重点在哪些方面为公司的成功做出贡献。本章主要涉及如何设计数据产品来实施数据产品战略（图 3.1）。如果我们将数据产品创意的失败看成是反思和修正数据产品战略中的目标以及调整产品组合的机会，那么我们从中学到的，不会比从成功的创意那里学到的少。

战略和愿景强调了数据产品领域和目标。现在，需要确定数据产品创意，然后进行设计和验证。理想情况是数据产品创意能够直接支持战略的实施和愿景的实现。开发初步的机器学习模型，就是为了证明数据产品的可行性。

图 3.1　设计数据产品的三个阶段

数据产品的设计包括三个阶段：

1. **构思数据产品**：根据数据产品战略中设定的优先事项，构思数据产品创意并确定其优先次序。

2. **设计数据产品**：根据产品特点、商业价值、目标用户、可行性、道德和合规性确定数据产品创意的优先级，并按照标准进一步筛选。

3. **验证数据产品**：利用快速原型技术对每一个数据产品创意进行验证，如果成功，则准备开发。

构思数据产品的主要原则

数据产品设计的第一步是在战略和愿景的核心数据产品领域举办创意研讨会，为新数据产品构思创意，并对这些创意进行优先级排序。之后可以从可行性和业务影响的角度对每个数据产品创意进行评估。可行性和业务影响的得分将决定哪些数据产品创意能够进入产品设计阶段，以及它们的优先次序如何。

> **主要原则**
>
> *数据产品创意*
>
> - 创意集中在数据产品战略中的数据产品领域。
> - 选出每个数据产品领域中具有代表性的业务利益相关者和用户，请他们参加创意研讨会。
> - 创意研讨会的目的是教育、激励和赋能参与者，以使他们提出优秀的数据产品创意。
> - 每一个数据产品创意都要从业务影响和可行性方面进行评估。
> - 选取最优秀的数据产品创意进行验证。

设计数据产品的主要原则

在创意阶段被优先考虑的数据产品创意将进入数据产品设计阶段。在开始验证之前，必须对数据产品创意进行适当的描述和定义，并进一步评估。否则，我们可能会因为验证没有经过充分考量的数据产品创意而浪费时间。我们可能压根不清楚在评估什么，或者我们验证的创意是不可行的、无价值的或不被允许的。根据笔者的经验，最好从以下五个不同的角度来定义每一款数据产品：

（1）产品角度；

（2）业务角度；

（3）用户角度；

（4）可行性角度；

（5）合规性角度。

　　如果五个角度都定义明确，并满足标准，那么数据产品就可以进入验证阶段。

主要原则

数据产品设计

- 数据产品应该有一套明确的产品特征。
- 每款数据产品都有业务影响力。业务影响力可以通过不同数字产品领域的衡量标准来评估，理想情况下是由负责的业务发起人参与评估。
- 知道数据产品的未来用户是谁，对用户体验的设计要符合其需求。
- 对数据产品，应设计解决方案架构，解释如何利用现有技术和数据构建数据产品。
- 遵守法律、监管和道德方面的要求。

验证数据产品的主要原则

　　从产品、业务、用户、可行性和合规性五个角度定义明确并能满足要求的数据产品就能进入验证阶段。这五个视角中的每一个都可能存在相当不确定的方面。验证阶段的目标是尽快检查这些方面，并对其进行测试。例如，如果机器学习模型的技术可行性不太明确，概念验证就有助于确认数据是否足够优质，足以创建高质量的机器学习模型。验证阶段的目的是抵消数据产品在设计和评估方面的不确定性，而不是直接构建具体的数据产品。

主要原则

数据产品验证

● 以尽可能低的投入创建数据产品原型。

● 通过原型验证业务影响力。

● 检验用户的接受度和期望值。

● 用真实数据验证技术和机器学习的可行性。

● 就法律、道德和其他合规性问题进行调研。

下文将介绍每个阶段的实用方法和最佳实践。我们首先从数据产品创意阶段开始。

构思数据产品

数据产品创意阶段的目标是在数据产品战略的数据产品领域中生成各种不同的数据产品创意，参与者需要具有领域代表性，并且对数据产品有所了解。虽然创意质量比数量更重要，但最好的数据产品创意往往并不是显而易见的，因此在这个阶段应该允许"蓝海"思维。对可行性和业务影响的评估只能是基于专家判断和群众智慧的粗略估计，因为在这个阶段通常有大量数据产品创意需要评估。后期，在数据产品设计阶段，会对那些符合条件的数据产品进行更正式的可行性和业务影响力评估。我们在数据产品创意阶段得到的是根据业务利益相关者的排序、偏好和优先级选出的最佳数据产品创意清单。之后，我们才会为这些顶尖创意确定一个团队来参与数据产品设计。数据产品创意阶段包含四个步骤。

> **数据产品创意阶段的步骤:**
>
> 1. 选择数据产品创意的重点和参与者。
>
> 2. 启发和教育参与者构思数据产品创意。
>
> 3. 构思并汇集多种多样的数据产品创意。
>
> 4. 评估数据产品创意并确定优先级,选择策划团队。

确定数据创意阶段的重点和参与者

在创意阶段,对参与者的选择取决于若干因素。首先需要确定的是,应该关注哪些数据产品领域。举例来说,如果你在产品创意阶段选定的领域是销售和市场,那么选定的参与者也应该是这个数据产品领域的专家。建议每次只关注一个数据产品领域,以方便管理可能的数据产品创意和利益相关者。如果是第一次创建数据与 AI 战略的大项目,也有可能在数据产品创意阶段关注所有的数据产品领域。当然,这比一个接一个领域的处理方式对能力提出了更高的要求。一个数据产品领域会有许多不同的子域,例如品牌管理可以是营销领域中的子域。可以将构思阶段的工作限制在一些更有可能找到有前途的数据产品创意的子域。在数据产品创意阶段,对于范围内的每个子域,最好选择至少两名参与者。邀请产品领域的高级利益相关者参加数据产品构思研讨会的好处是,这个过程对他们来说可以变得更加透明,他们也会带来自己的想法,影响所需功能的优先级,这往往会提升管理层对下一阶段的支持和参与度。数据产品创意研讨会的主持人可以是数据产品经理和数据科学家(角色描述见本书第 143—150 页),最好能对各自的数据产品领域有一定了解,这样可以确保创意阶段执行得当，而且创意参与者也可以咨询这位数据与 AI 专业知识丰富的对口伙伴。

选择重点与参与者

1. 每次专注于一个数据产品领域。

2. 确定创意范围内的子域。

3. 每个子域至少选择两名参与者。

4. 邀请高级利益相关者参加创意研讨会，以获得认同。

5. 主持人应有数据与 AI 背景，以确保创意阶段工作的顺利进行。

启发和教育参与者构思数据产品创意

数据产品创意阶段的一个重要步骤是让参与者接受有关数据与 AI 的启发式培训。培训至少是一小时的讲习会，但也可以是持续数天的拓展培训课程。培训课程的内容应该集中在理解数据与 AI 的基本概念上，例如数据架构和管理，以及监督和无监督机器学习。此外，还应提供组织内外数据产品的具体案例，使概念更加有形化，并展示如何在实践中应用这些概念。作为补充，可以深入了解数据科学家的工作，例如，如何准备数据，如何设计特征，如何构建、测试和部署机器学习模型。最后，说明数据产品的生命周期阶段，让参与者为构思之后的下一步工作做好准备，即验证、开发、部署、运维和推广数据产品。经过培训课程的学习后，参与者可以更好地理解数据与 AI 何时、如何产生价值，知道如何驾驭它们。可以将具有启发性的培训课程整合到创意研讨会的第一部分，作为实际构思数据产品创意之前的热身。会议结束时，参与者应该有机会公开向数据与 AI 专家提出任何问题。

数据产品启发和教育研讨会

- 向参与者介绍数据与 AI 的基本概念。

- 举出数据产品的实例，启发参与者。

- 介绍数据科学家的实际工作。

- 解释数据产品的生命周期。

- 提供同数据与 AI 专家问答的环节。

构思并汇集多种多样的数据产品创意

在对参与者进行启发和培训之后，要为每个数据产品子域举办实际的创意研讨会。如果每个子域的代表人数不多，可以让来自几个子域的参与者参加同一场研讨会。数据产品创意研讨会开始时，每位参与者都要写出他们对开发新数据产品或改进现有数据产品的想法。这个环节是无声的，以确保每个人都能独立地写出自己的想法。每个想法都应该写在一张单独的便签上，并附上简短的标题、可能用得着的数据、可能用得着的算法或数据处理方法，以及数据产品到位后可能需要的行动和带来的影响。之后，通过宣读标题并解释数据产品背后的基本理念，每个数据产品创意将被展示给研讨会所有参与者。可以将数据产品创意归纳为不同的主题，如果一个数据产品创意与另一个非常相似，则可以合二为一，代表同一数据产品创意的不同特征。

数据产品创意研讨会

1. 参与者不受干扰地将自己的创意写在便签上，每张便签上写一个创意。

2. 书面描述每一个数据产品创意（见下文）。

3. 每位参与者解释自己的创意，并将其放入新的或现有的数据产品集合中。

数据产品创意的描述如下：

- 标题：数据产品的简短标题。

- 数据：应用数据产品所需的数据。

- 算法：所需的数据处理方法或算法。

- 行动：如何使用数据产品并产生业务影响。

评估数据产品创意并确定优先级，选择策划团队

数据产品构思结束后，你需要在第二次研讨会上对其进行评估，并确定优先顺序。评估的第一个维度是影响力，即从战略重要性、赢利能力和客户忠诚度的提升、成本和风险的降低或数据产品领域其他相关衡量标准的改善等方面看，一个数据产品可能创造多大的商业价值。第二个维度是可行性，即综合考虑技术因素、文化阻力、所需的业务流程变化、所涉及的内外部利益相关者、合规性挑战和任何其他相关方面存在的困难，评估应用一款数据产品的难易。从这两个维度为每个数据产品创意打分，标准是 1~5 分，1 是最低分，5 是最高分。

评估和排序研讨会

1. 评估每一款数据产品的可行性和业务影响力。

2. 根据分值用图表展示产品创意，x 轴代表影响力，y 轴代表可行性。

3. 根据平均得分确立排名，并进行校准。例如，如果发现一个数据产品创意比另一个更可行，就应该相应调整分数，以反映前者的高可行性。

4. 平均得分在 4 分以上的数据产品创意可以成为候选项。由小组来决定优先考虑哪些排名靠前的数据产品创意。

5. 为每一款应该进入下一阶段的数据产品做好准备，并为下一阶段的工作选择团队。

在这一阶段，对数据产品创意的评估是按照以下两个维度进行的：

● 影响力：可能创造的潜在商业利益的水平（1~5 分）。

● 可行性：构建数据产品所需的投入（1~5 分）。

评分范围：1. "非常低"；2. "低"；3. "中"；4. "高"；5. "非常高"。

这时可以为每一个数据产品创意标注唯一的编号，并将其作为一个点，与编号一起呈现在图表上，x 轴显示其影响力得分，y 轴显示其可行性得分。这样就能简单、直观地显示出得分最高的数据产品创意，便于进一步讨论。根据这两项得分，可以对已评估的创意进行排名。排名和分数需要进行校准，以确保具有相同分数的创意在其预期的可行性和影响力方面具有可比性。根据校准后的创意评分和排名，就可以创建经筛选后的排名了，里面包括所有平均得分在 3.5 以上的创意。如果在一个数据产品子域中还留有 10 个以上的创意，可以将影响力和可行性的筛选标准提高到 4 分甚至更高，以过滤掉影响力和可行性较低的创意。被淘汰掉的创意会被记入数据产品创意待考虑项中。研讨会的参与者和高级利益相关者从前五名中选出最受欢迎的创意，并在设计阶段对其进行优先考虑。可从相关业务部门招募一个团队，并任命一名在设计和验证阶段对选定的创意具有所有权的数据产品经理。这一点将在下一部分介绍。

案例研究

一家消费品公司的数据产品创意

1. **数据产品：增加与主要产品相关的配件产品的交叉销售量。**
   - 次目标：创造更多交叉销售和追加销售的机会。
   - 影响力：高。
   - 可行性：高。
   - 试行范围：耳机。
   - 里程碑：MVP 在第一年第三季度上线，"快赢"。
   - →潜在规模有待试行后确定。
   - 快赢！

2. **数据产品：设计 A/B 测试，研究主要产品的定价敏感性。**
   - 次目标：优化消费品的定价。
   - 影响力：非常高。
   - 可行性：中。
   - 试行范围：耳机、电脑音箱。
   - 里程碑：MVP 在第二年第三季度上线。
   - →潜在规模有待试行后确定。

3. **数据产品：创建最佳产品组合。**
   - 次目标：创造更多交叉销售和追加销售的机会。
   - 影响力：高。
   - 可行性：中。

- 试行范围：所有音频产品。
- 里程碑：MVP 在第三年第一季度上线。
- →潜在规模有待试行后确定。

4. **数据产品：分析哪些商品会被一起购买。**
   - 次目标：创造更多交叉销售和追加销售的机会。
   - 影响力：中。
   - 可行性：高。
   - 试行范围：所有音频产品。
   - 里程碑：MVP 在第三年第二季度上线。
   - →潜在规模有待试行后确定。

5. **数据产品：评估客户转向竞争对手的原因。**
   - 次目标：提高客户忠诚度，减少客户流失。
   - 影响力：中。
   - 可行性：低。
   - 里程碑：由于可行性较低，无。

设计数据产品

在整个数据产品创意阶段，我们已经发现、评估了多个数据产品创意，并确定了它们的优先级。现在，一些数据产品创意在每个数据产品领域都已经合格，可以进入数据产品设计阶段了。在这个阶段，数据产品团队将共同定义他们负责的数据产品。首先要完善问题陈述。陈述应简要说明相应的数据产品可以解决哪些业务问题。此外，可以从五个不同的角度对数据产品进行评估和描述。

从五个不同的角度进行数据产品的设计：

1. **产品角度**：定义数据产品的作用和工作方式。

2. **业务角度**：确定数据产品的潜在业务影响并计算影响力的大小，将其与预期实施成本进行比较，并确定与数据产品联系最紧密的业务利益相关者。

3. **用户角度**：详述用户体验，说明如何将数据产品融入业务用户的日常工作流程，包括必要时如何调整业务流程。

4. **可行性角度**：检查技术可行性，确定高质量的数据是否足够。

5. **合规性角度**：调查数据产品是否需要任何法律和规范方面的批准，以及获批的可能性有多大，研究数据产品的实施在法律、规范和道德方面是否存在障碍。

数据产品设计阶段的工作由负责的数据产品经理推动，并由创意阶段结束时组建的数据产品团队支持。将上述五个角度综合起来，就可以定义一件数据产品，说明它能做什么，从经济和技术角度来看是否可行，用户是否会接受它，以及它是否合法、合规、合乎道德要求。如果这些角度中任何一个不尽如人意，数据产品就不能继续进入产品验证阶段。相反，如果一件数据产品五个角度的评价都很理想，那么它进入下一阶段就是板上钉钉的事了。

产品角度

产品角度所关注的是一款数据产品的设计目的和运作方式，尤其关注数据产品的功能以及它同用户或其他系统的接口设计。

设计产品特性

数据产品的核心实际上取决于数据产品所包含的一系列特性，这些特性可以提供预期功能来实施预期业务影响或改善用户体验。根据敏捷原则，应限制数据产品第一次迭代的产品功能数量，以确保真实环境中的快速实施和测试。因此，合适的做法是设计 MVP，它包含数据产品上线所需的核心产品功能集，可以在很大程度上解决其针对的业务问题，但不包括可以在后期添加的产品功能。这些初期产品功能应该满足用户的早期需求。需要注意的是，产品特性不应该与机器学习模型的特征相混淆（机器学习模型的特征是指经过处理和转化，可作为机器学习模型输入的参数数据）。

制定接口设计规范

一般来说，数据产品有两种不同类型的接口：一种是应用程序接口（API），它接收来自其他信息技术系统的设置，并将结果提供给该信息技术系统；另一种是用户界面（UI），它从人类用户那里接收设置，并将结果以可视化的形式提供给用户。很多情况下，一款数据产品同时拥有两种类型的接口。在第一种情况下，需要描述作为消费方接入 API 的信息技术系统，包括其要求。在第二种情况下，从用户的角度设计一个用户前端是有必要的。

业务角度

这一角度着眼于产品的经济方面，目的是确定可以从数据产品中受益的商业利益相关者，评估业务影响，并通过对比数据产品带来的经济效益与其开发、部署、运营和维护所需的投入，对数据产品进行商业论证。

识别商业利益相关者

高级商业利益相关者可成为数据产品的业务所有者、赞助者或共同赞助者。确定谁可以承担这些角色是极为重要的，关于这一点我们可以说出很多理由。如果无人宣告自己对一款数据产品的所有权，那么就可以认为无人相信其价值，随之而来的问题就是为什么还要费事地把它造出来。相反，如果多位高级业务利益相关者都对一款数据产品表现出浓厚兴趣，那么它肯定具有非凡的价值。所以，此处该问的问题是，组织内部的什么人从数据产品中获益最大？这个问题必须回答，而且回答它往往并非易事。最显而易见的方法是接近那些在构思阶段就对数据产品表现出兴趣的业务利益相关者。通常，如果数据产品的功用是使业务流程自动化，那么可能因为业务流程自动化而丢掉部分工作的团队领导者都不会对它们有太大兴趣。这种情况下，相关业务利益相关者可能是他们所隶属的更高级的管理者。假如是由许多内部业务利益相关者共同获益，那么也很难决定谁能成为赞助者。由此，如果数据产品具有很高的业务影响力，合适的赞助者可能是管理委员会或高层管理人员，因为他们在自己工作范围内对公司有更广泛的兴趣。

评估数据产品的业务影响力

数据产品对一个组织的重要性主要来源于它的业务影响力。因此，设计数据产品的关键步骤是通过衡量各数据产品领域的指标来研究数据产品对业务成果的影响及其对战略和愿景做出的贡献。这需要辅以逻辑论证以及对量化影响力的合理估计。业务影响力有许多类型，例如：

- 提高效率（如减少工作时间）；
- 改善决策质量；
- 提高客户的满意度（如转换）；
- 提高员工满意度（如降低波动）；

- 进入新市场（获得新客户）；
- 启用新的商业模式（如接受新的价值主张）。

在产品设计阶段就需要明确产品会产生哪些业务影响，并粗略估计其影响力的大小，以获得认同，进入产品验证阶段。

用户角度

在产品设计过程中，人们很容易把注意力集中在所期望的商业结果或可用特定产品解决的业务问题上。虽然牢记产品的总体目标是有必要的，但用户才是实际产品设计的核心所在。创建用户角色和绘制用户旅程图能够为更详细的产品设计打下坚实基础，从而开始用户界面的设计。为此，一些简单的练习是有助益的，比如，可以把用户想象成具有一定特征的人，而非抽象概念。用户体验（user experience，UX）包含用户对数据产品的每一次使用感受。将这些使用感受作为用户旅程图的一部分进行反思和可视化，可以完善和提升 UX。甚至可以直接让用户参与到产品设计中，共同创作，并进行用户测试，以获得对初始产品设计的反馈。

创建用户角色

创建用户角色可以用团队头脑风暴的方式进行，使团队能够站在用户的角度，对目标用户及其对产品的期待达成共识。首先，要对与产品相关的用户背景（如创业公司的项目经理）做出假设。其次，写下用户可能会遇到的问题（例如难以跟踪的多种并行任务）。最后，将这些问题映射到产品（例如，帮助监控不同任务并进行优先级排序的项目管理工具）应具备的解决方案上。最初的头脑风暴练习还应通过研究来验证，以确保创建的角色与现实相符。

绘制用户旅程图

每个被创建出来的角色都需要有一个用户旅程图，用来描述角色对产品的每一次使用感受。用户旅程图应该包括每个角色在使用产品时的接触点、行动、思想和情感。接触点指的是使角色与产品互动的渠道或媒体，如社交媒体或在线广告，以及角色使用的产品元素，如登录按钮、订购菜单或购买菜单。行动包括角色使用工具进行的所有活动，如登录、订购一件 T 恤和购买那件 T 恤。如果能考虑到用户在与数据产品交互时的想法和情绪，就可以更深入地思考如何改善用户体验。例如，用户在数据产品帮助下订购了一件 T 恤后的情绪是"我很高兴买了那件 T 恤"，产品设计师就会根据目标受众的不同，考虑是否应该加入反映这种情绪的用户界面元素，例如在交易完成按钮中添加笑脸或心形图案等有趣的细节。

可行性角度

可行性角度考量的是数据转换和算法设计的要求、所需的数据和可用的数据源，以及数据产品解决方案框架的设计初稿。它可以包括提炼获取第一批数据，并着手检查数据对数据产品的适用性，以快速评估总体可行性。

确认数据要求和数据源

数据产品面临的最大障碍是无法获得所需的适当数据。下面列出的问题可以帮助对此进行差距分析，还可以用于对获取和使用适当数据所需的投入进行估计。

（1）我们需要为数据产品准备什么样的数据？

（2）可用的数据有哪些？现成的数据目录一般是没有的，咨询相关数据产品领域的数据专家不失为一个好方法。

（3）数据的质量如何？第一步是提炼获取数据，考察数据的有用性。

设计初始解决方案框架

大多数数据产品一旦在生产环境中运行和使用，就需要依靠其他系统获取数据，并会向其他系统提供数据。因此，作为数据产品设计的一部分，初始解决方案框架应通过以下问题来确定：

（1）需要向哪些系统发送哪些数据，多久一次？

（2）哪些系统需要接收和处理哪些数据，多久一次？

（3）我们需要整合哪些操作性强的前端应用？我们需要对前端进行改造还是从头设计？

为了有更直观的效果，可以在背景图中标明有哪些应用程序为数据产品输送数据，以及哪些应用程序从数据产品中接收数据。

合规性角度

合规性角度确保数据产品符合法律法规，遵循道德规范。法律、法规和道德规范在不同地域之间可能有很大差异，因此，在遵守总部为组织制定的全球性法规和道德规范的同时，要考虑到驻在地的状况并因地制宜做出调整。每一个潜在的法律、法规和道德问题都需要逐步界定和审查。

如何确保合规性

明确法律法规的要求和限制

需要考虑的国家法律和国际法有很多，特别是数据隐私法。最著名的是欧盟的《通用数据保护条例》（GDPR），它严格限制了数据和 AI 在实践中的使用方式，并提供了在很多情况下必须遵守的严格准则。对个人数据的收集和使用必须清晰明了。合同、反托拉斯法、知识产权法等提出了

更多的法律要求。此外，依据公司所处的行业，还要遵循特定行业的法规，例如金融行业的《巴塞尔协议Ⅲ》和制药行业的"美国食品药品监督管理局（FDA）联邦法规"。

明确道德的要求和限制

法律法规给出的有关数据和 AI 的界限是严格明晰的，但在道德层面，就不太容易界定了。在某种程度上，公司对自身的定位需要综合考虑客户、利益相关者、员工、环境、当地社区乃至整个社会。在极端情况下，不道德的行为可能使得客户和利益相关者远离公司及其产品，给公司带来极为恶劣的影响。因此，道德问题是数据产品设计的一个重要考量因素，对与数据产品相关的道德问题进行识别与评估是极为必要的。需要评估的两个主要方面是数据产品的用途及其技术稳健性。一款数据产品只有经评估被认定符合公司及其员工的价值观，具有道德合理性，对它的继续验证才有意义。欧盟委员会的人工智能高级专家组（AI HLEG）制定了相关的道德准则，提出了政策和投资建议，这些可以作为公司确立数据和 AI 道德准则的良好出发点[1]。

从上述五个角度对数据产品进行分析后，就要决定该数据产品是否可以或应该继续进入数据产品验证阶段。任何进入验证阶段的数据产品都应当能够积极带动业务，是用户所需的，具有可行性且符合要求。

验证数据产品

成功通过设计阶段的数据产品将进入验证阶段。在这一阶段，利用快速原型设计，通过深入检查，你将从产品设计阶段的五个角度出发，对数据产品重新评估和验证。

快速原型设计

无论是从模型质量还是从用户体验来看，快速建立可以测试的原型是非常重要的。如果快速建立数据产品的原型，将有可能在经过验证阶段后确定停止投资，但这要好过花很长时间开发 MVP，然后发现它无法投入使用。为此，我们有必要快速建立一个框架或概念原型，将它呈现给潜在用户和业务利益相关者，征求他们的反馈意见，赢得他们的认可。更多的时候，高级的业务利益相关者会发现，概念原型和未来几年的产品愿景，比迎合一小部分用户需求的问题陈述更有吸引力。此外，一些合规性问题可能需要更全面的准备和评估，包括开源文档、数据保护和信息安全方面的考虑，以及是否与公司的特定法规要求和品牌指南相符。进入产品交付规划阶段之前，应彻底解决这类问题，因为这方面的专家通常非常抢手。

用模型和示意图绘制用户旅程图

用户界面元素包括了数据产品中对用户可见的部分，使用户能够与产品互动，大致可分为输入元素、导航元素和信息元素。下面是每一种用户界面元素类型的例子。

- 输入元素：如按钮、下拉列表、复选框、日期和时间选择器、文本字段、步进器、切换开关。
- 导航元素：如导航栏、侧栏、图标、搜索栏、分页。
- 信息元素：如进度条、模式、工具提示、通知。

一套设计系统包括品牌指南、资产库和文档，其中包含所有用户界面元素的确切规范，即适用于按钮、导航条等的字体、字号、颜色、形状和样式。这些规范基本上是所有用户界面元素的即用型代码，因此可以进行快速原型设计。设计系统可以确保一家公司或一个品牌拥有一致的布局，易于识别并能够传达品牌愿景。许多设计系统还允许一定的灵活性，例如，产品设计师可以从一系列建议中选择一种颜色，并为用户界面使用相应的调色板。产品设计应该被视为团队开发过程的重要部分。在这个过程中，产品设计师自然会起到主导作用，但整个团队都应该积极参与，以确保设计同产品愿景、用户故事图相一致。在产品开发过程之初，或者在给产品增加新功能时，可以请求所有团队成员和一些潜在用户列出他们认为最重要的产品功能，为产品设计添砖加瓦。这样一来，不同的观点可以融合在一起，让后续的讨论更有成效。从这些讨论中达成共识的草图可以作为模型或示意图的模板，呈现出产品更正式、更精致的外观和意象，作为商业利益相关者的决策依据。示意图展示了工具的不同视图的产生方式，包括最重要的功能和用户界面元素。可点击的示意图让用户能够模拟与工具的真实交互，甚至可以作为概念性原型用于用户测试，在实际产品开发开始之前获得产品反馈。

寻找、理解和评估数据

作为数据产品验证的重要部分，机器学习模型和数据转换所需的输入数据，需要从其他信息技术源系统中一次性提取。这可能是一项烦琐的任务，因为我们通常无法直接找到数据产品所需的数据，而且一般要经批准后才能获得数据访问权。得到数据后还需要了解数据。如果有一份对数据详加描述的数据目录，那事情就简单了。否则，想要了解数据内容的话，最好的办法是询问不同业务和信息技术部门的内容专家。首次数据剖析也有助于更好地理解数据集的内容。数据通常需要进行处理和清洗，使其为数据转换和机器学习模型训练做好准备，从而构建数据产品。更高级的设置还包括对输入和输出数据进行必要的质量检查，用于验证结果的有效性。

验证数据科学和机器学习方法

数据产品的关键在于对数据进行转换，并将算法应用于输入数据。定义机器学习模型的特征和目标变量是至关重要的一步。此外，还需要为模型确定最低质量标准，即模型需要有多高水平的预测能力。这在很大程度上取决于数据产品应该如何使用，以及如果预测出错会造成多大损失。用于训练机器学习模型的特征需要根据输入数据进行计算。然后数据被分为训练集和测试集。作为数据产品验证的一部分，不同的机器学习模型原型（如决策树、随机森林、神经网络、线性回归）应用于训练数据从而训练模型。随后，利用测试数据对监督模型进行评估，并与数据产品的最低模型质量要求进行比较。如果没有模型能够满足数据产品设定的质量标准，可以进一步生成特征，并测试其他模型。如此循环操作几轮后，在某个时刻就必须决定用于数据产品的机器学习模型是否足够好。如否，这可能是造成数据产品设计中断的主要原因。如是，则需要对三个方面进行调查来准备 MVP：数据输入、数据处理和数据输出。更详细的要求包括：数据多长时间刷新一次，模型部署后多长时间运行一次，输出需要多快，以及训练好的模型多长时间利用新数据重新训练一次。

验证业务影响，建立数据产品商业案例

在验证阶段，对数据产品的价值定位要更加清晰明确，对其业务影响力要进行量化。价值定位要对任何潜在的保留意见和文化约束做出回应，这点很重要。许多数据产品实现了业务流程的自动化，其结果是业务流程需要的人力更少，得出的结果更加一致，运行更快、更顺畅，全

天候可用，业务效果更好。但因为人的工作面临机器工作所带来的挑战，这在政治上可能会令人难以容忍。目前参与或负责业务流程的内容专家，在流程因数据产品而实现自动化的可能性面前，可能会质疑机器输出的质量，从而使其对数据产品业务影响的判断能力打折扣。如果明确定义了基线和量化标准，那么数据产品所支持的业务流程自动化就可以同既有的人工劳动密集型作业进行衡量对比，无论是通过并行比较还是简单的量化对比，都可以为数据产品的预期业务影响提供证据。另一种类型的业务影响是，数据产品能够提供额外的洞见，帮助用户改善决策。这类影响在实践中特别难以证明，除非决策是完全自动化的，因为人类决策者才是这些洞见的传达者。直接收集关于这类影响的证据可能很难，我们往往需要依赖人类决策者的论点，他们可以说数据产品极有可能将决策效能提升多少百分点，也可以为预估的业务影响提供论据（例如，对客户群有更多的洞察力，可以开展更有针对性的市场活动）。最后，对于一些数据产品来说，业务影响的估计和衡量可能相当简单。例如，在数字化直销环境中，对于通过运行算法将不同目标受众的参与机制自动化的数据产品，人们可以简单地计算出它产生的转化率或潜在客户的增加量。

数据产品的商业案例应计算数据产品在一段时间内预计对业务产生的影响，并减去构建、运行和维护数据产品的预估投入。数据产品的构建和运行应基于从产品和可行性角度提出的假设。商业案例的时间范围通常设定在投资完成后的三到五年之间，并取决于组织的财务管理准则。

早期用户测试

用户测试环节是产品验证的重要部分。因此，不管到时能实际展现出哪些功能，在早期就应该把用户测试环节纳入产品路线图。在早期阶段加入用户反馈是非常重要的，好处有以下几个。首先，为用户测试环节设置固定日期，有助于在实际产品开发之前就将重点放在用户角度上。其次，用户测试环节有助于获得针对基本产品功能的反馈意见。这样一来，一旦用户认为产品发展方向不对，公司可以迅速采取对策。最后，可以为产品招募拥护者，他们愿意为产品担保，还有可能成为早期用户。对于数据产品来说，非常重要的一点是在用户测试中让用户对机器学习模型原型进行验证，询问用户对其性能是否满意，以及原型的表现是否达到了预期的效果。

用户测试环节的设计与执行

事实证明，用户测试环节应遵循以下原则：

- 从不同部门招募不同角色的参与者，以获得不同用户角度的反馈。
- 尽早发出邀请，以确保高级用户可以参与，避免在最后一刻忙乱寻找替代者。
- 让用户自己测试产品，只为他们提供最小限度的指导。这样可以知晓产品是否能依靠直觉工作，是否需要增加信息元素或重新设计。
- 当用户使用该工具时，仔细观察他们，并记录下他们在哪些地方犹豫不决。请他们分享使用工具时的想法，询问他们希望产品在设计、内容和可用性方面做出哪些改进。
- 建立正式的书面反馈系统，其中包括固定问题、评分问题和自由评论栏。这一反馈系统可以在后续的用户测试环节用于监测用户满意度的变化。
- 在用户测试环节体现研讨会的内容，与用户建立直接联系，增进他们与产品的互动。例如可以就未来功能的细节进行简短讨论，或就产品在其他情况下的应用进行头脑风暴练习。

● 结束用户测试环节之前，就产品的改进开展小组讨论，比较和讨论各自的用户体验，启发新创意，并就产品开发达成共识。

决定是否继续进行 MVP 开发

数据产品验证阶段结束时，需要决定该数据产品是否符合 MVP 的开发条件。这需要考虑数据产品设计阶段和验证阶段的所有方面。数据产品只有是可行、合规的，能够带来足够强劲的业务影响，并且是用户所需要的，才有意义继续开发下去。如果决定不再继续开发 MVP，可以回到关于该数据产品所要解决的业务问题的最初陈述，重复数据产品创意阶段，寻找能够解决问题的、更好的数据产品创意。

案例研究

一家消费品公司的数据产品创意

设计冲刺指的是在短时间内设计和验证产品的一种可能的形式。整个过程，从构思产品创意、选出最佳解决方案、验证，到原型设计和产品测试，被限定在一周之内。设计冲刺主要是让利益相关者参与进来，关注用户需求，而针对业务、技术和合规性的深入分析只是这一工作内容的一小部分。设计冲刺的参与者通常有 5~9 名，包括工程团队的代表、业务利益相关者和内容专家，还有一名主持人负责指导这段工作。设计冲刺最适合那些定义明确的任务，例如为现有产品增加一些额外的功能，或为 X 部门建立原型 Y 以解决 Z 问题。然而，设计冲刺对于开发全新的产品也是很有用的，如一家消费品公司（Buy & Sell 模式）的案例研究所示。

周一：构思创意和陈述问题

第一天工作的主要目的是构思创意并陈述最终数据产品应该解决的问题。该公司希望借助一款数据产品简化供应商开票流程。参与者包括一名主持人、一名数据科学家、两名软件开发人员、一名产品设计师、一名产品所有者、一名采购部门的业务利益相关者、一名超级供应链部门的高级利益相关者和两名采购部门的专家。一番简短的介绍和会前预热后，主持人请两位专家介绍自己的工作，甚至请他们在屏幕上演示目前的开票流程。其他参与者提出问题，并做好"我们如何"笔记——在便签纸上按照以下具体格式拟定自己的思路："我们如何将项目的进度可视化？"或"我们如何让机器为数据输入提出建议？"这些笔记应该相当具体，并包含一些设计元素，以便在最初就能明确研讨会的设计重点。将"我们如何"笔记收集起来后，主持人要求设计冲刺团队按照主题进行整理。这时，课题相关的专家可以离开研讨会，但后续如果还有问题，他们仍然可以回答。此时，参与者开始和主持人一起勾画用户旅程图。通过这一方式，他们可以专注于最重要的步骤，避免迷失在细节中。这一天结束的时候，他们就这次设计冲刺的问题陈述达成一致。

周二：绘制解决方案草图

第二天的工作重点是研究解决方案，要想出尽可能多的解决方案，并最终筛选出最佳方案。由于开票流程优化问题在采购部门已经经过了一段时间的讨论，所以参与研讨会的采购部门业务利益相关者已经准备了其他工具和部门的许多案例。研讨会一开始，他就将这些案例展示给了其他研讨会成员。产品设计师描绘出不同产品最显著的特征作为面板的示例。然后，主持人要求参与者思考他们会如何解决提出的问题，并简述他们的想法，其中当然包括打破常规的想法——这个研讨会的目的就是构思出尽可能多的创意，而对它们进行验证则是明天的工作。

周三：验证

这一天，团队要定下最佳方案。这个最佳方案可能是几个创意的组合。首先，每个人都会展示自己前一天的创意。然后，团队根据讨论中出现的新情况决定产品的主要设计方向。主持人此时起着非常重要的作用，他要保证讨论不偏离重点，而且能及时结束。事先还应该明确谁来做最后的决定，比如由高级业务利益相关者来做决定。在本案例中，整个团队共同商议出了一套解决方案。这一天的下午，团队以小组练习的形式为胜出的创意绘制出详细的用户旅程图。

周四：快速原型设计

现在是时候根据详细的用户旅程图构建一个原型了。业务利益相关者这一天没有参加设计冲刺研讨会，其他参与者决定以可点击的示意图形式构建原型，这一原型的外观和感觉类似于他们设想的产品。主持人留意没有在原型中加入新的想法，而是保证团队的关注点仍在前一天商定的用户旅程图上。这一天结束时，可点击的示意图已准备好，可供测试。

周五：测试

在准备设计冲刺时，产品所有者和业务利益相关者选择了合适的六位用户成立测试原型的小组。参加测试的用户有的来自采购部门，有的来自供应链上的其他部门，资历各不相同。主持人简单介绍了原型的目的和测试环节的预期结果，即对内容、可用性和效率进行详细反馈。在用户测试原型的同时，设计冲刺小组成员记录下用户的意见以及他们在测试示意图时可能遇到的困难。

有关数据产品设计的经验教训

先聚焦大局，后处理细节

人们总是禁不住从一开始就规划好一切——关于用户界面、数据结构和算法的细节。然而，对于敏捷方法论来说，这非但没有必要，甚至可能适得其反。在通过数据科学家、工程师、用户和业务利益相关者的冲刺评审、用户测试、机器学习模型评估和代码评审并获得连续反馈后，产品会自然而然地进化。构建一款数据产品需要一个团队长期的努力。为了让每个人都保持积极的心态，需要重视他们的想法，采纳他们的建议。产品经理应该保持开放的心态，在锁定产品设计所要解决的问题的同时，不断改进产品。

检视和利用现有的产品

在构思产品创意和规划产品愿景时，人们很容易热衷于从零开始。但是，首先应该做的是对公司内部甚至外部已有的产品进行彻底的检视，因为这可能节省几个月的产品开发时间，并产生协同效应。战略考虑也可以在此发挥作用。例如，产品经理可以联系一个已经在公司建立了成熟平台的小队，并提出要为这平台增加一款数据产品。这样可以节省开发自己平台的时间，形成一个整合的产品环境，并从公司内部的其他利益相关者那里获得更多的认同。

创意研讨会的成功取决于参与者和他们的业务范围

创意研讨会的参与者应是最能代表相关数据产品领域和不同层次的人员。如果讨论的领域是营销，参与者可以包括来自产品营销、数字营销、客户服务、品牌管理和其他相关领域的代表。根据组织的规模，可以将小组进一步拆分为几个子领域，以保持人数和主题的可控性。

数据产品设计清单

在数据产品创意和设计阶段，这一清单可作为描述数据产品的模板。

清单

创意标题：给你的数据产品创意拟定一个简短的标题。

数据：说明实施数据产品需要哪些数据。

算法：说明该算法应该做什么。

行动：说明如何利用数据产品的成果来创造商业价值。

可行性：开发数据产品需要多少投入？

1. 非常低

2. 低

3. 中

4. 高

5. 非常高

业务影响力：数据产品能创造多少潜在的商业利益？

1. 非常低

2. 低

3. 中

4. 高

5. 非常高

产品角度:

- 产品的特点是什么?
- MVP 应该有哪些功能?
- 接口设计的要求是什么?

业务角度:

- 该数据产品的业务影响是什么?
- 谁是商业利益相关者?

用户角度:

- 哪些用户会使用该数据产品?
- 理想的用户旅程图是怎样的?

可行性角度:

- 是否有足够的数据?
- 系统能否按照数据产品的要求使用和供给数据?

合规性角度:

- 在符合法律、法规方面是否存在缺陷?
- 数据产品是否合乎道德?

小　结

数据产品设计要经历三个阶段。首先,构思新的数据产品创意,并进行筛选。其次,从五个角度对已排出优先次序的数据产品进行描述。产品角度关注的是数据产品本身:数据产品需要具备哪种产品特征才能从数据中创造价值?这些产品特征的可行路线图是什么样的?业务角度涉及的是数据产品对产品领域的衡量标准产生的业务影响,以及数据产品的关键业务利益相关者。用户角度所要探讨的是哪些人将使用数据产品，他们各自的需求有哪些。可行性角度的重点是数据和交付数据产品所需的解决方案框架及其可行性和质量要求。合规性角度考察是否存在与法律、企业的规章制度和道德要求不相符之处。最后，通过应用快速原型设计等方法对数据产品进行验证。如果对数据产品的用户接受度存疑，可以用模型和其他原型进行用户测试，以验证用户的接受度。需要提供并了解数据，并测试数据质量，作为技术可行性评估的一部分。在验证阶段还需要进一步考察数据产品的潜在业务影响并收集关于业务影响力的证据，对合规性进行验证，并对假设进行确认。一旦数据产品成功通过了验证，就可以进入数据产品交付规划阶段。

尾　　注

［1］ European Commission, High-Level Expert Group on Artificial Intelligence, 2019. https://ec.europa.eu/digital-single-market/en/high-level-expert-group- artificial-intelligence (archived at https://perma.cc/HEW3-VFUU)

数据产品交付

- 了解如何确定数据产品 MVP 的范围和交付规划
- 了解如何遵循敏捷原则开发和部署数据产品
- 了解如何在开发运维一体化模式（DevOps）和机器学习运维模式（MLOps）下运营数据产品
- 了解如何在整个组织中推广数据产品
- 了解为什么数据科学家在模型运营过程中也须负责机器学习

交付数据产品的主要原则

只有少数验证成功的数据产品才会通过从数据产品设计到数据产品交付的漏斗，并进入实施阶段（图 4.1）。这些数据产品具有巨大的商业潜力，有助于实现整体战略和愿景，且已经被评估为技术上可行和合规，符合预期用户的需求。

在数据产品交付阶段，我们将优秀的数据产品理念利用敏捷的实施方法变成现实。现在，机器学习模型已经在生产中得到了充分的实现、测试和部署。

图 4.1　交付数据产品的三个阶段

数据产品的交付分为三个阶段：

1. 规划数据产品交付：进一步定义 MVP，对开发、部署、运营和推广进行规划。

2. 开发与部署数据产品：在敏捷冲刺中开发和记录数据产品，并将其部署到生产中。

3. 运营与推广数据产品：运行、支持、扩展和维护数据产品，并将其推广到更大的业务范围以增加价值。

规划数据产品交付的主要原则

在行动之前，需要进行数据产品交付规划。作为产品设计的一部分，构成 MVP 的一系列产品功能已经得到定义，这些功能须以需求的形式进一步细化。对于交付组织、背景和范围、系统架构和接口、数据和机器学习模型，以及部署和运营，都必须进行相应的规划。

主要原则

规划数据产品的交付

● 通过创建史诗、用户故事、业务和工程要求以及验收标准，来进一步细化 MVP 的范围。

- 确定数据产品的框架、数据模型、机器学习模型、系统接口、部署流程和运营流程。
- 尽可能通过创建多种软件组件来应用微服务架构方法，而非依靠一个大的单体应用。
- 尽可能匹配为数据产品开发、测试和运行而规划的技术环境，以消除摩擦。
- 根据需求确立数据产品运营的流程、职责和服务等级协议（service level agreements，SLAs）。

开发与部署数据产品的主要原则

数据产品的交付始于数据产品的开发与部署阶段。数据产品交付的规划并不是去制订固定的计划，而是为敏捷交付规划创建基础和框架，确定目标、背景、组织、预算和时间计划，以便成功交付数据产品。实际的数据产品开发是在数据产品小队的一系列敏捷冲刺中进行的，还需要定期与利益相关者一起进行评审。所有软件代码，包括基础设施和部署的代码，都必须遵循编码、文档化和测试的标准，以确保可维护性、可扩展性、安全性、可靠性、适应性和用户接受度。

主要原则

开发与部署数据产品

- MVP 的交付遵循敏捷开发流程，如斯克拉姆方法（Scrum）和看板法（Kanban）。

- 遵循 DevOps 原则，以确保开发与运维顺利衔接，包括软件代码的持续集成和持续交付。
- 部署、软件测试和基础设施配置应尽可能地实现自动化和版本控制。
- 在产品交付过程中，需要对利益相关者和用户进行管理，并收集反馈意见，以便尽早调整和修改数据产品。
- 随着数据产品上线，可能需要对用户进行培训并调整业务流程。

运营和推广数据产品的主要原则

开发数据产品的实质性工作往往始于其作为 MVP 上线。为了确保产品快速上市，大量的增值功能通常被排除在 MVP 的范围之外，其后需要逐步实现这些功能。数据产品要想得到支持，客户和使用者关系管理是绝对的核心。必须提供适当水平的服务和支持，倾听客户和使用者的反馈并采取相应的措施。通常，如果将数据产品推广到其他市场领域或业务的其他部分，其价值可成倍增长。因此，数据产品推广是关键的价值驱动因素，需要给予特别关注和资源规划。最后，在某个时刻，大多数数据产品会到达生命尽头并被淘汰。当数据产品进入运营和推广阶段时，需要考虑多方面问题，本章将对此进行介绍。

主要原则

运营与推广数据产品

- 持续监控基础设施与软件。

- 快速系统地解决问题，修复漏洞，解决用户痛点问题。
- 不断优化运营流程，进一步实现自动化。
- 监控机器学习模型和数据质量，定期再训练和更新机器学习模型。
- 通过高质量的产品、持续的用户反馈、强大的用户支持以及 SLAs 的履行，建立与用户的信任关系。
- 数据产品通过新的附加功能得到优化，这些功能虽不在 MVP 的范围内，但在产品其他功能中是需要被优先考虑的。目的是将数据产品推广到其他范围，快速提升其价值。
- 当数据产品不再可用或被替换时，该产品将被淘汰。

规划数据产品的交付

在数据产品交付之前，有必要进行精益敏捷规划，以确保数据产品在交付开始后能够高效运行。数据产品交付规划需要考虑许多方面，包括用户故事的确定和每项产品功能的验收标准。此外，还需要确定数据产品交付的治理、组织和沟通方式，即由谁做出哪种类型的决策，谁在交付过程中扮演什么角色，以及在哪个阶段通知哪些利益相关者或让其参与进来。此外，需要进一步细化数据产品 MVP 的背景和范围，特别是业务背景、系统背景以及进一步指定的范围之内或之外的内容。如果交付规划阶段的任务执行得当，开发和部署通常可以相当顺利地进行，因为大多数重要的架构和软件设计决策已经在规划期间完成。

规划交付的治理、组织、资源和预算

数据产品交付组织工作的一部分是选择数据产品小组，由负责的数据产品经理领导，来应用数据产品（参见第 5 章）。在数据产品交付之前，交付组织中需要确定和固定下来的另一部分是利益相关者，他们应该被纳入冲刺规划和优先级划分过程中，还应参加可交付产品的用户验收测试。可能还会有指导理事会和委员会，他们需要了解或参与数据产品交付。此外，由于资源限制和预算分配，需要决定 MVP 的最大冲刺交付数量，这可能会进而决定 MVP 中应该包含多少功能需求和非功能需求，并可能减少需要实现的产品功能。由此，MVP 的原计划范围可能改变。由于数据产品交付遵循敏捷原则，规划与治理将以轻松的方式完成。

数据产品的敏捷规划

在生产过程中规模化运行的机器学习模型，对软件设计和架构能力的要求越来越高。与遵循瀑布方法的传统开发过程不同，数据产品的交付规划阶段并不需要决定、规划和固化每个细节。传统的项目管理工作流程包括规划项目、交付里程碑 1、交付里程碑 2 等顺序步骤，直到交付最终产品并获得反馈。在机器学习和软件开发中，事实证明这种方法并不成功。因为无论所开发的机器学习模型和编写的代码质量如何，总是有内在的混乱因素参与其中，使得原来规划的项目步骤变得过时，需要采用不同的方法来获取反馈。更确切地说，数据产品交付规划的目标是提供可以运行敏捷开发流程的框架。它具有指导性，提供了清晰的思维和背景，并允许相关人员在早期能够考量和反思交付过程中更为关键和更具挑战性的方面。同时，可以预期的是，任何计划至少会被部分地修改，甚至是全部修改。因为，如果在敏捷交付期间产生了新的见解，就需要对原计划进行调整和修正。因此，我们确实有计划，但它不是一成不变的——它是一个动态文件，在数据产品交付过程中会经历变化和调整。

在数据产品开发期间，技术或业务方面可能发生的许多意外情况都可以通过敏捷规划来解决。

在技术方面，这些意外情况可能是：

- 数据模型结构或数据源发生变化，需要进行调整；
- 数据产品的不同元素之间不协调，例如，由于错误的数据格式，新开发的测试框架接二连三地出错，导致向工具添加新代码的流水线无法工作；或者后端特定数据类型的更改使得前端表显示不协调；
- 已经规划好的解决某一具体问题的技术方案不能发挥预期的作用，例如机器模型不能达到质量标准，需要进行调整。

在业务方面，意外情况可能是：

- 企业主要求一项新功能；
- 商业指标变化，导致机器学习模型的目标变量必须改变；
- 新的法规要求对数据产品的现有功能进行重大更改。

为了应对这些错综复杂的情况，并弥合业务期望和交付的数据产品之间的差距，敏捷方法在机器学习和软件开发中都是最先进的。

数据产品 MVP 交付的产品需求和规划角度

数据产品需要满足某些期望，这些期望通常在 MVP 的"产品需求"文档中阐明。这些期望因组织、数据产品、用户、利益相关者和技术环境的不同而不同。许多不同的方面可以用来更好地规划数据产品的交付。应该详细说明每款数据产品的背景和范围，它应该具备的质量和测试标准，对架构、接口和所提供的数据的期望，以及部署和操作的标准。例如，作为"产品需求"文档的一部分，对需求的阐述可以是："数据产品需要连接到所有指定的系统，并且响应时间短于 2 秒"。

"产品需求"范畴中可以容纳的方面

业务背景和系统背景

业务背景显示了组织环境下的数据产品，例如哪些业务流程受到了数据产品的影响，以及哪些部门需要参与使用数据产品。系统背景显示了哪些其他的信息技术应用和系统需要与该数据产品进行关联并需要系统接口。业务背景和系统背景可能会对产品需求产生影响，例如，数据产品必须与特定的业务流程配合良好。

软件的质量和测试标准

软件代码应经过测试、文档化、集成化，并为发布做好准备。软件代码的测试、文档化、集成化和为发布而准备的通用标准，需要在完成的标准中进行确定。所有的机器学习模型也应该进行测试和记录，在"产品需求"中可能包含着机器学习模型预测质量的最低标准。

架构标准

整个开发应遵循微服务架构标准，以防止创建大型软件代码单体，因为这些单体会很快变得难以管理和维护。我们对于解决方案架构的安全性、可靠性、响应性和运行状况会存在一定预期，因此，数据产品交付的架构标准应该是完备标准的一部分。

法律与合规性

我们在数据产品设计过程中已经遇到了法律与合规性问题，有些问题可能会对"产品需求"产生影响，例如，在机器学习训练和执行

中，个人数据必须始终匿名化。

数据模型与数据质量

由其他系统交付的用于运行数据产品的数据模型需要记录在案。关于数据数量和质量的最低要求，应作为完备标准的一部分。

部署与运维

数据产品部署与运维的技术标准、流程、职责和SLAs，应以满足用户需求且可行的方式进行概述。

为 MVP 的产品功能创建史诗、用户故事和验收标准

在数据产品设计阶段，MVP 被定义为一组产品功能。现在，这些功能被分解为史诗和用户故事，并作为产品任务项（product backlog items，PBIs）进行优先级排序。为此，数据产品经理会组织产品小队召开一次或多次研讨会，产品小队包括数据科学家、数据工程师和开发人员，甚至包括数据产品潜在的未来用户。团队在产品任务中对于每项产品功能定义一个史诗。每个史诗都由许多用户故事组成，同样作为产品任务项包含在产品任务中。用户故事的表述方式如下："作为一个……（角色），我可以……（能力），以便……（获得利益）。"例如，一个用户故事可以是："作为一名客户，我想知道何时能收到货，以便让邻居帮忙收货。"这一角色也可以是内部客户或需要数据工程师支持的数据科学家。对于每个用户故事，可以定义进一步的业务和工程需求。所有用户故事共同构成了产品功能史诗的功能需求。一般来说，用户故事可以在一个冲刺内完成，而史诗通常需要一个以上的冲刺来完成。然而，如有必要，应将较大的史诗拆成几个较小的史诗，以避免史诗过于庞大。每个史诗和用户故

事都应具有验收标准，确定实际何时完成以及需要满足哪些要求才能被接受。最后，数据产品经理根据业务发起人、使用者和客户的需求，将所有的史诗和用户故事进行优先级排序（图4.2）。

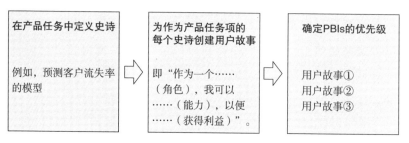

图 4.2　如何创建数据产品的功能需求

定义 MVP 的非功能需求

专注于产品的功能需求是非常诱人的，但是应该在早期阶段纳入其他关于运行状况、可靠性、机器学习模型质量标准、正常运行时间、合规性、法律义务和信息技术安全的需求。这类与数据产品表现有关的需求通常被称为非功能需求。数据产品非功能需求的一个示例可以是机器学习模型接口 API 的响应时间，例如 API 需要在 1 秒内响应；或者是机器学习模型输出的预测质量，例如机器学习模型的 R2 得分需要持续高于 0.85，且每周计算和测试一次。此类非功能需求应该由产品团队（同样包括数据科学家、数据工程师、开发人员，由数据产品经理推动）共同确定。确定非功能需求的方式有三种。第一种方式是为非功能需求创建一个新的用户故事，并将其作为新任务项纳入产品任务中，例如："作为用户，我希望数据产品的 API 能在 1 秒内做出响应，以便我将结果近乎实时地整合到网站上，满足网站访问者的需求。"第二种方式是将非功能需求集成到现有的用户故事中，作为 PBIs 的验收标准，例如"作为一名客户，我想知道何时能收到货，以便让邻居帮忙收货"的验收标准是"机器学习模型的 R2 得分必须高于 0.85"。第三种方式是，当非功能需求与所有产品功能相关时，它也被纳入"产品需求"中，例如"所有内容必须使用英语和法语"（图 4.3 ）。

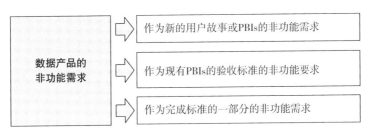

图 4.3　如何确定数据产品的非功能需求

规划数据产品路线图

在整个产品设计和验证阶段获得的信息以及 MVP 范围内外的产品功能应该用于创建产品路线图。产品路线图是参与产品设计和交付过程的每个人的主要定位点。如果有任何事项的进展方向与计划不同，可以据此快速察觉。MVP 的期望功能，用户测试环节的时间线和节点日期，以及产品发布日期，都应该包含在产品路线图中。如果业务方面的工作（例如为合规性主题或领导层验证所做的准备工作）已经被确定为存在潜在的实施风险，则也可以纳入其中。

在冲刺前与小队和利益相关者启动研讨会

最后，数据产品交付从一个启动规划研讨会开始，整个数据产品小队和内部利益相关者参加，审查是否一切就绪，以启动数据产品的开发。

开发和部署数据产品

数据产品的开发与部署通常被认为是数据产品交付过程中令人兴奋的部分，因为大多数软件和机器模型投入工作，都是在这个阶段完成的。这一阶段的工作包括创建可用于生产的机器学习模型，通常需要从数据产品验证阶段开始对机器学习模型进行重构、细化和强化。此外，前后端功能、系统接口、部署流水线和自动测试脚本都需要按照 MVP 的范围进行开发。作为软件开发的一部分，大多数的软件测试和部署操作都应该是自动化的。当一个可维护、可扩展、安全、可靠、灵活且为用户所接受的数据产品作为 MVP 上线时，目的就达成了。这一过程往往需要改造业务流程，对使用者进行培训，这些都应与整个改造战略相辅相成。

机器学习模型的产品化和自动化

机器学习原型和生产型机器学习模型之间存在极大差异。在数据产品验证阶段，通常是从满足要求的系统中提取 CSV 文件，作为创建机器学习原型的数据。这些数据经过手动清理，就是为了生成模型训练和测试所需的特征和目标变量而准备的。而在数据产品开发阶段，从源系统中获取数据、清理和准备数据、生成特征和目标变量，以及应用和刷新机器学习模型的所有过程，都要实现自动化。此外，机器模型在运营期间往往需要重构、进一步稳定和测试，以保证稳健性。需要注意的是，在某些情况下，为了更快地开发 MVP，机器学习的数据加载、准备和运行可能不是完全自动化的。

> **清单**
>
> **把机器学习模型变成机器学习产品，你需要做到：**
>
> - 微调机器学习模型，提高预测质量；
> - 重构机器学习模型的代码，使其更易于维护；
> - 使用模拟异常情况的合成数据测试机器学习模型；
> - 创建自动数据管道来提取、转换和加载数据，并创建特征和输出变量；
> - 设置自动数据加载；
> - 持续测试和监控机器学习模型。

数据产品并非纯粹的机器学习算法，而是需要依赖数据库连接和数据转换，通常也需要辅以复杂的前后端软件功能。因此，数据产品的开发与部署很大程度上借鉴了现代软件开发的方法和手段，应该被视为敏捷软件开发项目。

数据产品开发的敏捷方法

在软件开发过程中使用过的敏捷框架，同样可以用于整个数据产品的管理，包括机器学习模型的改进和强化。从本质上讲，敏捷软件开发需要增量交付产品，并从客户或企业主那里获得定期反馈。这是基于形成《敏捷宣言》的4种价值观和12条原则，该宣言于2001年由软件开发人员发布[1]。《敏捷宣言》倡导开发团队内部和企业主之间的密切合作，并呼吁双方保持灵活性。为了满足《敏捷宣言》的要求，人们已经探索出多种方法，下文将探讨两种最常见的方法，即斯克拉姆方法和看板法。关于何时应用哪种方法，没有一定之规，因为这取决于环境和文化。有些开发团队甚至将两种方法组合或完全混合，使其适合自己的环境（称为"Scrumban"）。

斯克拉姆方法

斯克拉姆方法是最流行的敏捷开发框架。它具有严格定义的角色和流程，部分类似于传统的项目管理。

斯克拉姆方法管理员负责统筹全局，确保斯克拉姆流程得到遵循。产品负责人负责产品任务，并确定工作的优先级。开发团队处理产品任务项，直到达到完成标准。

以下是斯克拉姆框架的组成部分：

- 冲刺规划（sprint planning）；
- 每日站会（daily stand-up）；
- 任务细化（backlog refinement）；
- 冲刺评审（sprint review）；
- 冲刺回顾（sprint retrospective）。

一个冲刺是指一段固定的时间区间或增量，在此区段计划并执行一定量的工作。冲刺通常持续两到四周。在冲刺计划期间，产品负责人会提出团队在此次冲刺中需要处理的新产品任务项，讨论这些产品任务项并估算工作量。每日站会简明扼要地明确团队成员遇到的一些问题，而其他团队成员可以帮助解决。任务细化会议为团队成员提供了询问的机会，如有任何不清楚的产品任务项，他们可以询问产品负责人；同时也为产品负责人提供了重新确定某些产品任务项的优先级并梳理产品任务的机会。冲刺评审作为与开发团队和利益相关者的互动点，展示了过去的冲刺所取得的进展（即过去的增量）并获得反馈，而这些反馈又可以作为即将到来的冲刺规划中下一个产品任务项的前提。最后，在冲刺回顾（安排在冲刺评审后）中，开发团队对过去的冲刺进行反思，确定哪些方面的工作可以继续，哪些方面应该改变，以便在下一个冲刺中表现更好。

看板法

与斯克拉姆方法相比，看板法提供的固定角色和事件较少，一切都以"看板"为中心，将斯克拉姆产品任务列表转换为一个板，上面有几列，每列均有不同的功能。开发团队成员不需要详细规划在即将到来的冲刺中谁处理哪项具体任务，而是从"就绪"列中选择产品任务项并将其转移到"正在进行"列，继而在完成后将其转移到"评审"列。在队列补充会议上，产品负责人展示产品任务项并与团队成员讨论应该完成哪些任务项。在利益相关者评审完进度之后，产品任务项从"评审"列转移到"完成"列。斯克拉姆方法的各方面经常被融入看板法中，例如定期召开冲刺评审会议，以获得利益相关者的反馈。哪种方法更适合开发团队，实际上取决于团队的喜好。一般来说，斯克拉姆方法具有时间框（time boxing）的优势，并提供了清晰的结构和确定的规划。刚开始使用敏捷方法的团队可能更倾向于斯克拉姆方法严格的结构和明确的角色。不过，使用看板法会更有效率，因为它所需的会议较少。利用"看板"作为团队进展的中央监控台，可以更容易及早识别瓶颈，并根据团队的具体需求来调整不同列的设置。

然而，无论团队选择哪种敏捷框架，需要重点注意的是，在敏捷环境下，团队基本上是自组织的，尽管可能有斯克拉姆方法管理员或产品负责人这样的特定角色。团队需要处理来自外部的产品请求，但又需要根据团队的决定来处理。每个团队成员都应该对产品开发承担同等的责任，并在不断改进协作的过程中发挥积极作用。

数据产品开发的编码与文档标准

数据科学家和数据工程师只要编写软件代码（他们最迟应该在数据产品开发阶段就做这件事），就可以被视为开发人员。由于许多数据科学家并没有软件工程背景，因此在数据产品开发过程中，为编码、文档和测试定立明确的规则和标准就显得尤为重要。除了基本的编码规则（例如编写具有单一功能的干净代码，并做好文档记录），开发人员之间的交流是成功的关键。他们之间的互动，包括互相解释代码，都有助于在各自的环境下找到最佳解决方案，支持大家更好地完成各自的工作，互相学习。

加强开发人员之间的沟通

许多方法可以加强开发人员之间的沟通，提高软件代码的质量水平。实例如下：

- 结对编程（Pair programming）：两名开发人员在一个工作站共同工作，一人编写代码，另一人观察和审查代码。

- Mob 编程（Mob programming）：与结对编程相同，只是整个团队在一个工作站共同工作，共同解决问题。

- 编程马拉松（Hackathon）：由开发人员和产品经理组成的团队在非常有限的时间内共同完成一个合作项目，创建原型。

- 代码评审（Code review）：开发人员与另一位没有参与编程的开发人员一起浏览代码，并寻找改进措施。

- 模型评审（Model review）：数据科学家与另一位没有参与编程的数据科学家一起浏览机器学习模型、特征集和目标变量，识别潜在的建模问题和统计性异常。

- 数据管道评审（Data pipeline review）：参与编程的数据工程师和没有参与编程的一位数据工程师和/或一位数据科学家一起完成数据加载和转换步骤，在计算特征和目标变量时，识别潜在的数据处理问题。

● 橡皮鸭评审（Rubber duck review）：开发人员定期向橡皮鸭解释软件代码。这实际上可以提高开发人员的代码质量水平。

你应该致力于在开发团队中建立一种沟通文化。在 DevOps 中，这种沟通文化是至关重要的，因为每一行代码在并入主分支之前都必须经过另一位开发人员的评审。评审开发人员可能会质疑其他开发人员所做出的一些决定，最终会发现漏洞或效率低下之处，并改进代码。这个过程也有助于将责任分配给整个团队，这样每个人都会觉得自己对整个产品承担了更大的责任。

数据产品开发的测试标准

要确保数据产品的机器学习模型和软件代码的质量，有效的方法之一是严格的测试。每一款数据产品的开发，从非常基本的层面到整个产品，都应该包含测试的概念。基于标准统计和其他验证方法的质量测试，将生产数据分解成训练数据和测试数据，用于机器学习模型，并被挑选出来用于最适合的机器学习模型和最匹配的问题类型。此外，机器学习模型通常是以编程语言实现的，一般是 Python，依赖于许多开放源代码包（如 Pandas、NumPy、SciPy），并且在机器学习预测质量措施的基础上，还需要进行与任何其他普通软件代码相同级别的测试。软件代码测试最基本的层次是单元测试，它只是简单地测试一项功能是否能够按预期工作。软件代码测试的下一层次是组件与集成测试，它测试产品的不同组件是否按照预期方式协同工作，即使在添加或更改了功能之后也如此。这些集成测试应该作为自动测试，集成到产品管道中，这样，新提交的功能只有通过测试后才能添加到产品代码库中。开发人员或数据产品经理也应该定期进行手动测试，以确保产品到了预期的用户界面仍然能够充分发挥并显示其功能。最后，负载测试可以评估当存在大量用户时，他们是否可以安全地使用产品而不会出现任何性能问题。作为合规流程的一部分，可能还需要在产品发布之前加入渗透测试，以确保所有必要的信息技术安全措施到位。

数据产品的持续集成与持续交付

在数据产品开发过程的一开始，就应该将数据产品最重要的环境设置好，包括开发、测试、预发布和生产的环境。持续集成／持续交付（CI/CD）管道由许多作业和阶段组成，包括自动化测试，这些作业和阶段应该由经验丰富的数据工程师进行配置。只有当所有作业都成功通过时，代码才会被纳入主分支并进入各自的环境。每个开发人员都有自己编写代码的本地环境，这也是他们测试新代码的首个环境。事实上，开发团队最常说的五句话之一可能是："但这在我的机器上可以！"然而，新代码必须与其他所有人提交的代码结合起来工作。在开发环境中，可以测试是否真的如此，因为在这里，每个人的贡献都会被整合起来，新提交的代码之间可能存在冲突，需要先加以解决才能将其融合到开发环境中。

清单

- 持续集成本质上是指频繁地将新代码集成到软件产品中，即开发人员应尽可能频繁地将各自提交的新代码的功能分支合并到主分支中。
- 持续交付与部署指尽可能频繁地更新预发布和生产的环境。为了达到这些目标，需要建立 CI/CD 管道，在每次提交代码和合并分支后自动运行，包括将代码部署到不同环境中。理想情况下，CI/CD 管道包括许多严格的测试程序，从而确保只有通过这些测试的代码才能被部署到相应的环境中。

测试环境通过测试新代码来布置，有时会被忽略，而待发布环境与生产环境非常相似，因此可以在模拟生产环境的条件下测试新代码。这一方法可以用来为利益相关者进行介绍和演示，也可以用于确定在提交代码更改后产品是否还能充分运行。这是部署到生产环境之前的关键步骤，因为它涉及客户使用产品时访问的实际环境。运行模式中的任何更改在被部署到生产环境之前，都应在待发布环境中接受彻底测试。

利益相关者和上线管理

利益相关者可以通过不同的方式接触数据产品，例如作为投资者、用户、合规代理人或业务领域专家。利益相关者具有的特定利益，驱使他们关注和守护产品，这使他们成为值得重视的关键资源，应让他们密切参与数据产品的交付过程。更为复杂的是，利益相关者往往是从商业角度出发，而在数据与 AI 方面几乎没有经验。利益相关者的业务和 / 或领域视角，与产品团队的敏捷和技术视角之间存在差距，而数据产品经理的责任正是弥合这种差距，仔细把控每一互动点。与利益相关者合作，需要将复杂的技术问题归结为与业务相关的简要问题。反过来，这也意味着将利益相关者的要求或反馈，转化为对产品交付团队的明确建议。

基本规则

以下基本规则可以帮助数据产品经理在产品交付过程中与利益相关者建立良好的关系：

● **履行承诺**：以合理的成本按时交付优质产品；

● **透明**：如果出现问题，立即告知利益相关者，同时提供解决方案；

- **定期召开会议**：报告进展情况（如日志修复或冲刺评审），不仅被动地介绍产品，还要及早给他们机会来亲自测试产品（如通过用户测试）；

- **管理预期**：明确产品功能包括什么和不包括什么，以及在取舍之间如何权衡（例如在模型的性能和衡量标准方面）；

- **将利益相关者的业务领域知识整合到数据产品中**：利益相关者往往是领域专家，应积极咨询，将其业务逻辑构建到数据产品中。这一过程可以通过制定业务规则，或通过定义那些足以作为目标的模型性能衡量标准（例如，对假阳性与假阴性的最小化，详见第 6 章）；

- **灵活**：根据利益相关者的要求整合变革或确定新的特点，同时明确这对项目的预算和交付时间意味着什么；

- **你还应该能够说"不"**：如果利益相关者的功能需求没有得到用户调研的支持，或者以任何方式将产品置于风险之中，数据产品经理便有责任在必要时拒绝该功能请求。要清楚地解释这样做的原因，并让利益相关者密切参与产品战略相关的讨论，这样即使存在不同的观点，也能保持健康的关系；

- **建立关系**：通过安排需要双方参与的会议，如产品启动会议或MVP 研讨会，不仅可以建立数据产品经理和利益相关者之间的关系，也能够建立利益相关者和产品交付团队之间的关系。

作为数据产品上线过程的一部分，重要的是要确保用户通过视频演示、帮助页面、工具提示以及数据产品经理或有经验的用户提供的现场教程，获得关于如何正确使用数据产品的足够信息。数据产品的上线往往往伴随着重大的业务流程变更，需要为此进行沟通，也可能需要为用户和业务利益相关者提供培训或帮助他们进行变革管理。此外，在数据产品启动之前，数据产品管理员应该为用户设置场景，以便进行预期管理并获得有价值的反馈。数据产品管理员有义务告知用户和利益相关者，该数据产品是 MVP，高度依赖于他们的反馈，以便在运营和推广过程中进一步改进。

运营和推广数据产品

很多业务利益相关者并没有意识到，开发数据产品所需的很大一部分工作实际上是在数据产品上线后的运营和推广阶段开始的。数据产品以 MVP 的形式上线，因此只包括最基本的功能。上线后，一般需要进行许多漏洞修复和小的改进工作。一个又一个冲刺后，数据产品经理可能会优先考虑新的功能和产品特性，并通过采用持续交付和集成的方式将其添加到数据产品中。每款数据产品，包括底层的机器学习模型和基础架构，都需要加以密切监控、支持和增强。要利用新的数据重新训练机器学习模型。如果数据的结构发生了变化，则需要修改机器学习模型。成功的数据产品通常可以推广到业务的其他部分，如不同的市场、生产工厂或业务部门，以增加商业价值。最后，需要决定何时不再使用一款数据产品，也不再提供运营和支持。

从 DevOps 到 MLOps：将 DevOps 的原则应用到数据与 AI 中

虽然敏捷方法能够使开发团队的成员高效协同工作，但它并不包含数据产品运营。开发产品就必须添加新代码，而实际部署产品是为了服务于商业目的，二者之间难免存在冲突。DevOps 的理念正是旨在解决这一内在冲突。添加新的代码可能会干扰产品的顺利运行，因此需要建立机制来降低风险并确保产品的稳定。DevOps 将开发与运维积极地交织在一起来达到这一目的。在 DevOps 视角下，开发与运维的分离只是过去的一种孤岛思维。遵循 DevOps 原则，首先意味着从产品开发的第一天就要开始考虑运营阶段的事。这种思路可以确保每个人心中都有最重要的目标：向用户交付功能强大的数据产品，让他们用起来得心应手。数据与 AI 的 DevOps 被称为 MLOps，即"机器学习"（machine learning）和"运营"（operations）的复合体。数据科学家和数据工程师在数据产品运营过程中，也要对机器学习模型和数据管道负责，他们在数据产品交付的规划和开发期间，就应该考虑如何更好地运行和维护机器学习模型。

MLOps 的主要活动：运营与监测数据产品

在数据产品运营阶段，需要定期甚至不断地为机器学习模型提供新的数据。数据就像数据产品的氧气，数据管道就像输送氧气的动脉，需要参考业务规则构建一套能够进行数据质量分析和异常检测的软件脚本，来对数据管道的运行进行全天候 7×24 小时的监测和质量控制。如果数据加载不正确、数据格式与预期不匹配，或者数据内容出现异常（例如，如果是数值，异常值与平均值相差三个标准差；如果是非数值，数据字段出现意外值），则监控系统应该发出警告。我们还需要定期利用新数据对机器学习模型进行重新训练，以确保它们能够捕捉到系统性的变化，与业内新特征或业务逻辑的调整相融合（如汽车行业的机器学习模型要适应电动汽车的发展）。整个软件代码和基础设施都需要监测，以确保平稳运行和快速缓解问题。

清单

在数据产品运营过程中，需要监测以下几方面：

● 数据负载和数据管道；

● 输入数据的质量；

● 前后端软件功能；

● 基础设施；

● 机器学习算法和输出；

● 机器学习再训练流程。

除了确保机器学习模型和数据管道正常工作，还有更多事关客户满意度的关键方面：与客户建立牢固的关系，提供强大的客户支持，倾听客户反馈，并在数据产品投入生产后不断改进。

为数据产品提供强大的客户支持

与用户建立牢固的关系主要包括三方面。第一，像样的产品质量可以满足用户的需求，避免任何挫折点。第二，一套良好的客户支持系统能够对任何问题做出快速响应并修复漏洞。第三，客户反馈系统可以收集关于如何继续改进产品的宝贵信息。关键在于建立强大的客户支持系统，可以对各种不同的请求做出快速反应。第一级支持包括一位通才，可以回答关于产品功能的基本问题，判断用户提出的问题是否意味着严重漏洞，是否应该向上一级支持人员报告。第二级支持处理更多的技术问题和漏洞，并可以提供更高层次的细节服务，这往往需要一位充分了解数据和机器学习模型的数据科学家或数据工程师。如果这不足以帮助客户解决当前的问题，第三级支持应该介入。在第三级支持中，数据专家对数据产品有着深刻的理解，因为理想情况下，是他们自己开发了机器学习模型并编写了周边软件，可以解决最高级别的复杂问题。应该考虑不同的客户支持渠道，包括实时聊天、电话和电子邮件。其目的是在短时间内回复客户。因此，应将解决问题的时间作为关键绩效指标（key performance indicator，KPI），以提高客户对数据产品的满意度。如果数据产品对客户公司的业务至关重要，使用时效性强，可能要考虑至少在第一级建立24小时支持系统。

倾听客户和使用者的反馈，提升数据产品质量

数据产品发布后，您将会收到用户的反馈。反馈可能来自客户支持系统，因为它报告了漏洞，需要修复以确保数据产品功能完整；也可能来自其他渠道。有时用户会通过客户支持系统提出改进的想法。建立固定的反馈渠道是很有用的，例如反馈界面，也可以采用客户支持系统、论坛或产品网站上的联系界面等灵活的形式，甚至可以直接与一些用户讨论产品及其使用体验，与之互动。还有更多的分析方法，如A/B测试和网站分析。A/B测试主要是指发布产品的两个不同版本，通过向不同的用户子集展示新旧版本，来测试新版本的可用性。分析和比较两个用户子集的反馈，然后确认或放弃对新版本的假设。网站分析可以跟踪用户与网站交互时的行为，以确定产品的某一特定功能是对客户具有高度吸引力，还是与他们根本不相关。用户在网站上花费的时间、用户访问网站的首选设备和网站跳出率都是重要的指标。

改进产品并增加新的产品功能

数据产品通过持续集成与交付，便可进行更新和升级，以采纳用户反馈的改进建议，并纳入其他数据产品功能。对于问题和漏洞，应彻底

调查，找出系统性错误，并实施可持续的解决方案，以提高数据产品的质量，提高其可维护性、可扩展性、安全性、可靠性、适应性和用户接受度。如上所述，DevOps 和 CI/CD 方法指的是持续改进，以及开发与运营的并行和共存。因此，尊重"80/20 法则"至关重要，即倾向于交付一些不完美但足以满足用户需求的东西。这样，用户就会提供继续改进产品的反馈意见，反过来又可以用持续的方式交付。关于如何部署变革并更新生产环境，同时将产品故障的风险降到最低，可以采用不同的策略，例如蓝绿部署。就是说，变革被部署到生产环境中，但只部署到新版本的生产环境中。虽然 DevOps 团队可以测试更新后的产品，但客户仍在使用以前的版本。只有在测试成功的情况下，客户才会被允许使用新版本。另一种类似的策略是，在测试期间将部分客户流量转移到新版本。

推广和发行数据产品

数据产品通常可以推广并发行到其他业务范围以增加业务价值，这是在数据产品推广阶段完成的。这一过程包括数据产品对其他业务部分的适应，以及扩展数据产品的功能以解决同一业务领域的更多问题。因此，我们的任务是针对具体的数据产品，确定可能的推广方法，并根据价值、可行性和协同潜力确定这些方法的优先级。要将数据产品推广到新的业务范围，通常需要对它们进行调整以适应新环境。例如，在另一家生产工厂或另一个市场上，数据模型和业务逻辑可能与之前有所不同，因此必须相应地改变模型特征、机器学习模型和数据预处理管道，以使数据产品在新的范围内可用。在许多情况下，推广数据产品时会产生极大的协同效应，因此可以更快地产生价值，在机器学习模型的特征和目标变量相同的情况下，尤其如此。

推广和发行数据产品的示例

- 一种用于预测和防止电信公司合同客户流失的机器学习算法，可以调整并推广到预付费客户和其他产品线。
- 一种解释生产设施中的传感器信号以维护设施并防止故障的机器学习算法，可以推广到其他生产基地和机器类型。
- 一种用于零售公司优化营销活动的机器学习算法，可以从一个地区推广到其他地区（例如从法国推广到欧盟所有国家）。

为了将数据产品推广到已确定的新范围，需要重新设计数据产品以适应新范围，并进行调整，因此这些数据产品将针对新范围重新进入设计阶段。这一次，创建标准接口并采取其他形式的标准化措施以实现尽可能多的协同效应，就更重要了。数据产品的定义和验证会比之前快数倍。之后，软件交付流程加速进行，以便为新范围定制数据产品。为了改造机器学习模型，需要让最初创建机器学习模型的数据科学家参与进来。在数据产品推广阶段，可以聘请发行经理来提高实施速度并支持变革管理。

淘汰数据产品

数据产品在成功运营几年后，会在某一时间点到达生命尽头，进入数据产品淘汰阶段。当数据产品可以被新的解决方案或技术所取代，或者由于业务的变化而不再被需要的时候，这一阶段就到来了。由于长期使用某款数据产品，用户的业务可能会与该数据产品存在许多相互依赖之处，因此，在它的生命周期结束时，需要以明确的计划和路线图逐步淘汰它，这一点很重要。

数据产品生命周期结束时应考虑的事项

- 是否已将数据产品关闭的情况以及可能的替代方案通知所有用户？
- 是否已将有关数据产品终止使用的信息告知数据产品接口的系统所有者？
- 为保证业务的连续性，替代方案是否能够及时到位？
- 业务中是否还存在对该数据产品的依赖性需要减轻？
- 数据产品关闭且围绕数据产品的现有流程结束后，闲置下来的数据基础设施是否可用于其他数据产品？

进行回溯分析

一旦数据产品的生命周期结束，它的开发团队应该后退一步，反思从该数据产品中获得的经验。形式可以是互动研讨会，讨论在产品开发的每个步骤中所学到的东西，包含积极、消极和糟糕的部分，但要以建设性的方式进行。这有助于团队在交付下一款数据产品时改进流程，采纳新方法。

案例研究

一家传统保险公司的数据产品交付

有一家历史悠久的传统保险公司，业务是提供种类繁多的保险产品，从汽车保险、财产保险、旅游保险、健康保险、法律保险到人寿保险和其他一些小众保险产品。由于客户群的老龄化，该公司决定投资数字渠道和数字产品以吸引年轻客户，并交叉销售保险产品。新成立的数据创新团队自称"智能推送小队"（Smart Offers Squad），因为他们所投身的是用户研究所揭示的第一个能为公司提供商业价值的课题。他们希望专注于个性化的保险产品，为网站访问者提供相关的保险产品，并对他们可能感兴趣的保险产品提供建议。智能推送小队由四名数据科学家、四名数据工程师、两名软件开发人员和两名数据产品经理组成。

智能推送小队的首席数据科学家乔安娜（Joanna）与整个智能推送小队进行了一次创意研讨会，每个团队成员领命针对一个单独的创意来进行概念验证。之后，乔安娜在 Jupyter 笔记本上开发了机器学习模型。她的概念验证是一种推荐引擎，利用客户资料、客户现有的和过去的保单以及客户近期的线上和线下行为作为模型特征，以预测哪种新的保险最有可能供其所需。机器学习模型的目标变量是客户下一次可能购买的那种保险产品。

乔安娜及其智能推送小队与公司的用户体验设计师会面，集思广益，讨论如何将原型整合到现有的客户在线门户中。他们一起为这一小工具创建了一系列模型并邀请客户一起进行测试。他们收到了客户的积极反馈，并创建了一个产品需求文档，其中包含推荐引擎产品的功能需求和非功能需求。现在，在智能推荐引擎的数据产品验证成功后，智能推送小队开始计划交付 MVP。他们的产品开发愿景是：让智能推送成为客户在线门户中的新型网络小工具。

在数据产品交付规划阶段，智能推送小队的数据产品经理迈克尔（Michael）与主要利益相关者会面，共同完善产品愿景。参与的主要利益相关者包括网站的技术团队负责人和相关数据产品领域的高级代表，包括汽车保险、财产保险、旅游保险、健康保险、法律保险和人寿保险领域的代表。在这些会面中，产品的功能需求和非功能需求得到进一步细化，如所有数据产品需要遵循的框架、法律和合规性标准。借助这些会议所完善的现有模型，所有人会就 MVP 应该包含的功能和用户界面的设计达成一致。最后，主要的利益相关者和智能推送小队举行启动会议，与会者在会上完善用户故事映射，就产品路线图和他们开发数据产品的工作模式达成一致。例如，确定即将采用敏捷开发周期，每两周进行一次冲刺，在每个冲刺结束后与主要利益相关者进行一次冲刺评审。

为了进入数据产品开发阶段，智能推送小队召开了第一次双周冲刺规划会议。会前，由于有些用户故事需要大量开发工作才能在一个冲刺中完成，迈克尔将来自用户故事映射会议的一些用户故事改写为产品任务项。在前两个冲刺中，软件开发人员和数据工程师建立了开发、测试和待发布环境，以及 CI/CD 管道。在产品开发阶段的早期，他们开发了同产品领域的源系统、网络数据库之间的实际数据连接，创建了网络应用接口。现在，乔安娜改进了原来的机器学习模型，以便整合产品需求文档中约定的新数据源、业务规则和目标衡量标准。她定期与领域专家见面，他们会回答她关于保险产品和机器学习模型所包含的底层业务逻辑的问题。

在整个推荐产品的开发过程中，团队定期将他们的产品从开发环境中部署到测试和待发布环境中，以便在冲刺评审时向利益相关者展示产品，同时也服务于他们自己的测试目的。最后，用户界面设计师为每个产品领域在网站上的推荐展示做了一些详细的设计。产品领域的代表对设计理念很满意，于是团队的前端软件开发人员相应地实现了网站用户界面的扩展。在整个推荐产品的开发过程中，智能推送小队定期开展结对编程会议和模型评审，以保证产品的质量。

在数据产品上线前，迈克尔与所有保险产品团队和网站团队召开研讨会，展示完成的 MVP，并在测试环境下开始为期两周的测试。在解决了最后的用户问题并修复了较小的漏洞后，他们利用 CI/CD 管道将数据产品部署到生产环境中。网站团队在下一个冲刺中将推荐引擎小工具集成到网站中。在网站上线后，第一批客户就开始利用该推荐小工具来获取符合他们需求的保险产品信息。每周，数据科学家都会对网站数据进行分析，以了解客户如何利用这些信息以及他们是否购买了小工具推荐的保险产品。几周后，机器学习模型被重新训练，以更好地捕捉客户最感兴趣的保险产品。网站团队还注意到，有些建议对特定客户没有太大意义。他们向智能推送小队提供了一份服务记录，乔安娜立即和团队一起处理这些数据，发掘根本原因。他们发现，其中两个保险产品的团队提供的数据存在许多数据质量异常。与保险领域的专家会面后，他们找到了解决方案，通过新的自动化业务规则来监控数据质量，并将它实施到数据产品监控中。

由于较高比例的客户开始购买小工具推荐的补充保险产品，业务利益相关者认为该数据产品是成功的，并建议人工客服也使用该产品。迈克尔和智能推送小队对这一消息感到非常振奋，立即为扩展推荐引擎创建了数据产品定义。他们通过创建模型来展示推荐如何出现在人工客服的屏幕上，并进行了用户测试。大部分工作主要是将数据产品集成到客服中心的软件中，这可以由智能推送小队在几次冲刺中完成，但也需要外部供应商的支持，以便将一些变革整合到客服中心软件的下一个主要版本中。此外，客服人员必须接受培训，以便掌握新的产品功能，这要通过三小时的密集培训课程来完成。推荐引擎被推广到新的范围，使人工客服能够向客户做出最佳推荐。

有关数据产品交付的经验教训

尽量减少工作量以更快交付 MVP 的几种方法

MVP 很容易陷入过度设计。在把数据产品做得尽可能友好的过程中，有一种自然的倾向，就是做得过火，以技术完美为目标，想要设计出永不出错的机器学习算法。请记住，MVP 的目标是在真实环境中尽可能快地测试数据产品的可行性。这甚至可能意味着，在一款数据产品上线时，需要手动提取和上传数据，而没有为机器学习模型提供原始数据的系统接口。数据产品还需要满足某些功能需求和非功能需求，否则用户就不会接受数据产品，或者监察官员可能不允许数据产品上线。除此之外，其他一切都应降到最低限度。上线后，我们仍有足够时间扩展产品功能，让机器学习模型更为强大，并提升数据加载效率。

为部署、测试和运营及早规划

当数据产品的 MVP 上线日期迫近时，应及早将部署、测试与运营的战略和实施细则纳入产品路线图。这也使 DevOps 方法可以根植于数据产品的开发过程中。如果在产品开发的早期阶段，每个团队成员能够将工作流程从本地环境内化于后续环境，那么在 MVP 发布前夕或数据产品运营阶段更为繁忙的日子里，这些流程将更易于遵循。此外，测试概念应从一开始就确定下来，以便保证数据产品的核心质量。对于运营阶段，数据产品经理应在 MVP 发布前做好计划，可以设定一些基本的检查指标，包括确认是否具有备份功能，对流程进行测试以确保更新和漏洞修复能集成到生产环境中，以及为测试版的发布制定时间表，让它经历目标用户群的严格测试。

谁构建，谁运行，谁修复

直到最近，许多数据科学家才被招募到创新团队或数据实验室，其任务是为优秀的数据产品提供原型。因此，有时数据科学家并不负责数据产品验证后的生命周期，这导致设计良好的机器学习模型被封装在结构不良的软件代码中（或者更糟的情况是，用 R 语言等脚本语言编写，使机器学习模型的部署变得更加困难），交给其他技术团队，期望他们对代码进行重构和修复，之后再投入生产并提供支持。在数据产品上线后，数据科学家往往不觉得自己有责任支持他们的机器学习模型的用户，认为没有必要维护和再训练他们的机器学习模型。这是不可接受的。应该让数据科学家和数据工程师不仅在交付和部署期间对数据产品负责，还要在数据产品上线后对它的运行负责，例如接管数据产品的第二级或第三级客户支持系统，并负责机器学习模型的再训练。

数据产品交付清单

以下清单可用于数据产品交付每个阶段之间的质量把关。

清单

规划

- 为数据产品的交付做好管理，建立组织，准备资源并做好预算；
- 以产品任务项的形式定义功能需求，这些功能需求应属于 MVP 的范围；

- 在产品需求中定义软件、数据质量、机器语言质量、文档和测试标准；
- 在产品需求中定义框架、合规性、部署标准和运营标准；
- 为 MVP 定义非功能需求；
- 在开发前举办启动会。

开发与部署

- 小队在敏捷冲刺中工作；
- 机器学习模型微调与重构；
- 数据基础设施建立与部署；
- 用机器学习模型建立并测试自动化的数据预准备管道和数据负载；
- 开发并测试用户与 / 或机器学习界面，以及其他后端功能；
- 将所有代码文档化并测试，准备发布；
- 用户为产品上线准备就绪；
- 数据产品自动部署并上线。

运营

- 实施 DevOps 原则，包括持续集成和持续交付；
- 对数据产品的各方面进行持续监测，保障软件功能、基础设施和数据管道的顺利运行；
- 用新获得的数据不断重新训练模型，并监测结果；
- 建立高质量的客户支持体系，提供适合数据产品需求和业务关键性的一级、二级、三级支持系统；
- 收集客户反馈意见，并据此进一步完善数据产品；
- 决定在运营阶段升级产品的部署策略。

推广

- 尽可能应用标准化设施，如标准接口，以便从最初就为推广做好准备；

- 使数据产品适应新的范围，确定数据产品规模化的潜力；

- 根据新的范围调整模型特征、机器学习模型和数据预处理管道；

- 让那些为原始数据产品创建机器学习模型的数据科学家参与进来；

- 聘请推广经理，加速实施进程。

淘汰

- 应用清晰的数据产品淘汰路线图，其中包括通知用户和分析现有业务同该产品之间所有的相互依赖关系；

- 确保替代方案到位；

- 将现有的数据基础设施用于其他数据产品；

- 进行回溯分析。

小　结

交付规划是产品开发的基础，为数据产品交付做好了准备。作为规划的一部分，MVP 的产品功能会在史诗和用户故事层面进行细化。MVP 经过若干个冲刺后交付，通常包括一个为生产准备就绪的机器学习模型，以及所需的前后端功能、系统接口、部署管道和自动化测试脚本的开发。应不断改进用以监测、支持和维护数据产品的运营流程，以提高自动化水平，减少工作量。成功的数据产品有可能被推广到更大的业务范围，也会在不再被需要时退出。

尾　注

［1］ The Agile Manifesto, Principles behind the Agile Manifesto, 2001. http://agilemanifesto.org/principles.html (archived at https://perma.cc/L72E-S4WM

能力与敏捷组织

- 了解哪些能力是数据与 AI 所必需的
- 了解如何将能力转化为角色
- 了解建立敏捷组织的重要设计原则
- 了解数据与 AI 的流程和引导逻辑
- 了解如何建立强大而自主的敏捷产品团队

能力与敏捷组织的关键原则

在每一次数据与 AI 转型中，核心决策是需要培养哪些能力以及如何建立组织。第 2 章分享了关于如何设计能力策略的观点。本章则将深入探讨一些核心能力及相关的角色、职责、组织设立与流程（图 5.1）。定义角色和职责，旨在培养技能和提升竞争力，而组织结构的重点在于合作和角色安排。流程决定了各种能力如何相互作用，如何引导能力发挥作用。技术与治理也是能力建设的重要方面，这些将在下一章讨论。

缺乏一致性有时会导致能力与技术体系建立起来之后却对业务无用，也无法有效支持数据产品战略。组织中的纯技术部门主导制定的数据与 AI 战略，往往陷入这一困境。同样，外部咨询公司为大型企业开展的项目也有进入这一误区的倾向，因为它们更有动力在敲定大笔交易后花很长时间去搭建技术平台，而展现这些项目所带来的商业收益倒在其次。

需要培养新的核心能力，以便能够利用数据与 AI 驱动数字化转型。数据与 AI 组织建设的核心在于必须确立新的角色、责任、组织结构和流程。

图 5.1　建立能力与敏捷组织的四个阶段

能力与敏捷组织可以分四个阶段进行培养与建设：

1. **确定数据与 AI 的核心能力**：要想交付数据产品并通过数据与 AI 推动数字化转型，必须要做哪些事情？

2. **定义角色与责任**：培养能力需要哪些角色？其责任是什么？

3. **建立敏捷组织**：不同的角色如何在敏捷性的组织架构中共同工作？应该如何促成不同角色之间的协作？

4. **执行和调整流程**：数据与 AI 需要实施哪些核心流程，需要调整哪些支持性流程，以便通过数据与 AI 实现数字化转型？

确定数据与 AI 核心能力的关键原则

从产品组合需求中衍生出的能力组合，既是第 2 章所概述的数据与 AI 战略的一部分，也决定了需要开发的能力领域。如前所述，数据与

AI 所需的一些核心能力是通用的，但也可以基于数据产品战略的实际能力需求进行调整。

主要原则

确定数据与 AI 的核心能力

- 需要根据数据产品战略的要求确定核心能力。
- 大多数转型都需要一些核心能力领域的支持。
- 每种能力应至少支持一个数据产品领域。
- 一种能力的培养可能需要进行组织与技术变革。
- 一种能力需要角色、流程和合适的敏捷组织来发挥作用。

确定角色和责任的主要原则

每个核心能力领域的建设都必须转化为该领域所需的角色和职责的构建。能力如何落实到角色上，可能因组织的不同而有所差异。每个角色的意义是，承担这个角色的人员应该具备一系列能力，能够履行一些职责。每种角色都有一名分会负责人，他确保所有在该角色中工作的员工都具备合适的技能水平，遵循确定的方法和质量标准，分享方法，并确保产品团队之间组件的可重用性。整体性的指导方案由 CDOs 提供，具体内容取决于要做出的决策所属的领域，有时也由 CDOs 组织的数据与 AI 委员会负责，该委员会中应包括相关的高级业务利益相关者。

主要原则

确定角色和责任

● 每个能力领域的建设都必须落实在所需的角色和职责的构建上。

● 每种角色均可以支持多种能力，并有一套明确的功能和责任。

● 每种角色，都有分会负责人确保其成员具备相应的技能、方法，达到质量标准，并按要求在分会内分享。

● 由于能力需求会因数据产品战略和能力战略而不断变化，可能需要增加新的角色。

建立敏捷组织的关键原则

大多数传统公司未能成为真正的敏捷组织。为了提高速度并取得所有权，需要将不同的角色分配到跨学科的小型产品小队中，这些小队实际上专注于特定数据产品领域的一组数据产品。几个产品小队归属于同一个数据产品领域。通常，这样的小队中的每类角色至少应该由一人承当，这些角色即数据策略师、数据产品经理、数据科学家。一般来说，会由一位数据产品经理领导产品小队。每个角色组的负责人，如机器学习与数据科学的负责人，可能同时被安排在其中一个团队中。每个具有相同角色的人都会归入同一个分会，例如所有的数据科学家都会被组织在机器学习与数据科学分会中。

主要原则

建立敏捷组织

● 为了培养敏捷性，团队应该是跨职能的、敬业的、自给自足

137

的，且能自发地专注于业务问题。

- 一个产品领域由一个或多个跨职能的产品小队来代表，团队规模保持在 10 人以下。

- 在每个数据产品领域，都由一名经验丰富的产品经理作为该数据产品领域的负责人。

- 数据产品领域的每个产品小队都由数据产品经理领导，该数据产品经理直接向数据产品领域负责人汇报工作。

- 在产品团队中，由于团队目的不同，所需要的角色类型也会有所不同。

- 所有的产品小队都拥有一部分产品组合，并在负责范围内指导产品组合和数据产品的交付和运营。

- 产品小队应该有明确的使命，以及解决使命中所明确的业务问题所需的所有能力。

实施和调整流程的主要原则

最后，核心流程和支持流程需要确保所有数据产品团队在所需的地点和时间能够协调起来，目标是以最有效的方式实施数据与 AI 战略。

主要原则

实施和调整流程

- 管理数据产品生命周期内的所有流程。

- 在出现冲突和计划外需求时，提供总体需求管理和组合指导，并确定资源的优先级。

- 指导并优先保障所有数据产品团队都需要的数据基础架构团队的工作。

- 确保在整个组织内实施数据治理，以使数据可用、可理解和可信。

- 使组织中的其他部门更加兼容，可能需要调整采购、法律、安全、合规、信息技术和财务流程，以更好地支持敏捷交付和管理方法。

确定数据与 AI 所需的核心能力

实现数据与 AI 驱动的数字化转型，需要一些核心能力。本书未穷尽所有的能力，这需要根据你的数据产品战略的个性化需求来确定并扩展。下文将从目的、职责和相关角色等方面对每种核心能力进行描述。

清单

数据与 AI 所需的核心能力

- 战略与转型；

- 产品管理与用户体验；

- 机器学习与数据科学；

- 数据工程、基础设施和架构；

- 数据管理、数据质量和数据治理；

- 前后端软件工程；

- 数据分析与商业智能。

战略和转型

设计和执行数据与 AI 战略不是一次性的活动，而是持续和反复的过程，需要定期检查和修订。我们需要对数据与 AI 方案中的整体资源和利益相关者进行管理、指导和监测，以确保产品战略、能力战略和变革战略的成功实施。这包括上述战略的制定和相应的投资组合，以及设置和监测数据与 AI 转型的整体指标，如第 2 章所述。高级利益相关者之间的主要协调工作是通过数据与 AI 委员会来完成的，后文将对此进行解释。履行这一能力最重要的角色是首席数据官。

产品管理与用户体验

作为产品战略与产品组合一部分的每一款数据产品，在其整个生命周期内都需要接受管理。这一切始于找到正确的产品理念并确定其优先级。然后，需要设计数据产品，包括定义范围和路线图，设计用户体验与用户旅程，验证数据对数据产品的适用性，评估业务影响，设计初始解决方案架构，以及处理同数据产品相关的道德和合规性问题（另见第 3 章）。验证最有前景的想法，然后进一步开发和部署，在最低限度内进行试验，随后铺开规模（另见第 4 章）。数据产品一旦投入使用，就需要对变革需求和新版本进行管理，并对数据产品进行监控和维护。

机器学习与数据科学

企业的数据成熟度越高，数据产品的核心就越有可能具备机器学习模型。对于机器学习与数据科学，首先要理解业务问题，借助数据产品来解决问题并将其转化为对数据科学问题的陈述，而这往往是业务问题的数学表达，所以对问题陈述的精确度有更高要求。举例来说，如果业务问题是"了解客户流失的原因"，那么数据科学问题可能是"找出已超过一年未购买产品的客户的特征"。数据科学家的下一步工作是获取包含原始数据的数据集，为数据科学问题创建特征和目标变量，并了解应该如何解释数据字段。例如，名为"客户投诉数量"的表格中的一列可以与特定的渠道挂钩，如电话热线，而不计算从网站或电子邮件等其他渠道接收的客户投诉。如果不清楚如何准确地解释数据，可能会在建模过程和模型解释中犯下重大错误。因此，必须对数据和业务领域的专家进行访谈，特别是在数据科学家此前没有使用过数据集的情况下。探索性数据分析有助于个体熟悉数据集，比如通过观察数据类型和每列的最小值、最大值、平均年龄值及其分布。在大多数情况下，数据集都包含原始数据，在实际机器学习模型创建之前，需要对这些数据进行清理、整合和准备。机器学习模型的目标变量尤为重要。原始数据往往需要被浓缩成对机器学习模型更有意义的特征。例如，可以计算的特征是平均购物车商品的多寡、购买频率和平均购买时间，而不能以客户的个别销售交易作为输入值。核心活动是实际建模，目的是找到最佳的机器学习模型类型（如随机森林、线性回归、神经网络），并将其校准，以利用输入特征对目标变量进行最佳预测。而后，将最佳模型应用于训练时暂留和未使用的部分数据集，即测试数据集，以检查模型是否具有泛化能力。一旦找到优良的模型，就要对其进行调整和优化，并准备部署和运行。

数据工程、基础设施和架构

如果无法定期提供新数据，或者机器学习模型的输出不能被其他系统进一步利用，那么模型本身通常不能提供太大价值。机器学习模型还需要在数据平台上运行，需要有人开发和运维数据平台以及作为数据平台一部分的数据湖。数据产品开发完成后，需要在数据平台上进行部署，典型操作是通过构建和运行 CI/CD 流水线来实现这一过程的自动化，用自动化的软件测试数据维护部署的可靠性。传入的数据流需要在生产环境中进行预处理，这种处理在验证过程中通常是由数据科学家手动完成的，但在生产过程中需要自动化。整个数据平台和所有的数据产品在上线后都要接受监控，以确保正常工作。上述工作都需要数据工程师的参与，这使他们成为需求量极高的宝贵人力资源。

数据管理、数据质量和数据治理

数据产品的构建在很大程度上依赖于高质量的数据，这些数据应该是易于理解、可访问和法律意义上可使用的。因此，数据管理和治理对于管理数据湖、增加新来源和正确处理访问请求至关重要。此外，为了使数据值得信赖，应该制定数据质量规则，并对数据进行监控和跟踪。只有当数据湖中的数据在数据目录中得到充分描述，并且具备优良的元数据来说明数据包含的内容和来源，才能正确使用数据。并非所有的数据都能用于所有的目的，在如何使用数据方面，实际存在着许多法律、法规、道德方面的限制。特别是在结构化查询语言（SQL）数据库和数据仓库中，为了创建通用的表格结构以及表格之间的关系，需要定义数据模型。当数据从多个来源集成时，这可能就格外具有挑战性。最后，由于一些数据未采集到，或者未充分获得客户的同意，数据中经常会有缺失的部分，这尤为需要付出努力和通过主动参与来改善。

前后端软件工程

如果没有前后端软件的包装使业务问题得到整体解决，机器学习模型就很难在业务流程中应用。因此，除了数据处理和机器学习功能，大多数数据产品还拥有前后端功能。通常，首先要将用户需求转化为功能需求，并通过对功能的定义和优先处理，制定出产品目标以完成设计。利用敏捷冲刺，我们能够实现、测试和部署这些功能。斯克拉姆方法是常用于开发的敏捷方法，它包括诸如总结、冲刺回顾和定期（如每周、双周或每月）冲刺计划等形式。部署后的功能需要操作和维护，我们还可以添加新功能来改进数据产品。

数据分析与商业智能

并非所有的数据产品都需要包含机器学习模型，它们也可以将描述性分析（以标准报告和仪表盘的形式）和自助式商业智能作为主要输出。此外，很多情况下，专注于机器学习的数据产品都会附带仪表盘，使得业务部门更易于监控和跟踪机器学习模型的结果。通常，数据分析的一项重要任务是为业务和领先的财务数据定义指标，并将这些指标整合到仪表盘和报告中。数据产品还可以包含构建商业智能的自助服务工具，如 Power BI、Tableau 或 Qlik，这些工具允许业务用户进行他们自己的分析。由于指标和财务报告对质量和可靠性要求极高，数据分析也往往对数据管理和数据集成有所要求。所有的仪表盘、报告和自助服务工具都必须得到运维和支持。

确定角色与责任，以落实能力建设

本节将详细介绍之前提及的典型角色，并对每种角色的定义、作用、有关责任及所需技能和要求进行说明。

首席数据官

组织中与数据相关的最高级别角色是首席数据官（这个角色和所有其他角色一样可以有不同的名称，如"首席数据与分析官"或"数据副总裁"）。根据组织的数据成熟度和数据对该行业的重要性，这一角色通常处于董事会中，或比董事会低一两级。因此，这一角色是高级职位或执行管理职位，需要在深刻理解数据、分析、AI、软件平台工程及其架构以及企业业务战略的基础上，具备充足的领导经验和技能。

角色定义：首席数据官

目的：确保数据与 AI 转型的整体效果。

能力领域：数据与 AI 战略和转型。

职责：

- 制定整个数据与 AI 转型的策略。
- 用指标监控数据与 AI 转型的进展。
- 为数据与 AI 转型进行投资和资源引导。
- 组织数据与 AI 董事会，管理关键利益相关者。
- 负责变革管理和培训。

数据产品经理

数据产品经理是数据科学和管理方面真正的多面手。他们承担着数据产品的端到端责任。数据与 AI 产品经理同数据科学家、数据工程师密切合作，但也具备更为传统的业务方面的职能。他们拥有业务方面的领域知识，又完美地具备数据科学或软件开发方面的实践经验以及强烈的技术直觉。所有同数据与 AI 产品相关的决策都汇聚在这一职位上，这需要出色的沟通和谈判技巧，需要领导力和企业家的个性，还需要对组织和利益相关者进行管理的诀窍。他们是在组织内部带来变革的关键经理人，有助于在公司的传统部分和数字部分之间建立文化桥梁。

角色定义：数据产品经理

目的：在产品从创意到运维的整个生命周期内，管理产品战略与产品组合中的每一款数据产品。

能力领域：产品管理与用户体验。

职责：

● 在数据产品的整个生命周期内对其进行管理。

● 确定产品思路。

● 设计产品与用户体验。

● 验证数据产品创意。

● 管理数据产品 MVP 的开发和部署。

● 在数据产品生产时，收集数据产品的变更请求。

● 妥善处理数据与 AI 的伦理和法律议题。

● 管理开发团队。

● 管理数据产品的利益相关者。

数据科学家

数据科学家（也称为机器学习工程师）对机器学习模型进行原型化、构建和操作。过去几年，数据科学家这一角色已经从明确关注业务理解、数据准备、数据分析、统计学和机器学习，发展到需要更多更复杂的软件工程技能。他们不仅需要利用 Python 从事数据科学，还需要将其作为一种编程语言，用于部署和操作机器学习模型。这反映了从概念证明到数据产品的转变，这些数据产品真正地为公司更广阔的发展前景带来了价值。数据科学家需要在其构建机器学习模型的领域中储备过硬的业务领域知识。由于数据科学家更注重操作化和部署，同领域内业务部门之间的关系大多由数据产品经理这一角色来管理。数据科学家需要具备较强的量化技能，了解统计学和机器学习模型，具备编程技能。

角色定义：数据科学家

目的：创建并运行机器学习模型。

能力领域：机器学习与数据科学。

职责：

● 将业务问题转化为数据科学问题。

● 检查数据适用性。

● 进行探索性数据分析。

● 为机器学习准备数据。

● 训练和测试机器学习模型。

● 部署机器学习模型。

● 负责机器学习模型运维。

数据工程师

与数据科学家相比，数据工程师较少涉及与数据相关的课题，而更多地参与技术架构和软件开发。这些技术架构和软件围绕着机器学习模型进行自动化部署和操作，并使结果对业务用户来说是可用的。一旦开发出分析模型，我们的主要关注点就会从机器学习模型开发转移到软件和架构开发上。因此，在原型设计环节之后，数据工程师的作用比数据科学家更加显著。许多公司雇请了大量数据科学家，却缺乏数据工程师。数据工程师需要多种技能，具体视特定的角色要求而定。他们的关键技能是开发后端软件，设计并实现数据平台与数据产品解决方案的架构，连接并整合不同的数据源，创建数据流水线和API，并将数据产品投入生产。

角色定义：数据工程师

目的：实现数据产品的部署和运维。

能力领域：数据工程、基础设施和架构。

职责：

● 建立输入与输出数据管道及其他系统的接口。

● 管理数据湖的技术基础设施。

● 开发并实施解决方案和平台架构。

● 设计 CI/CD 流水线并部署数据产品。

● 负责数据产品和平台的运维。

● 测试整体数据产品。

数据经理

数据是机器学习和 AI 的关键资源。管理这一关键资源本身就是一门学科，需要数据经理这一专门角色的特别关注。数据经理的职责是确保捕获正确的数据，并通过数据湖提供这些数据。他们负责围绕数据的所有流程，包括数据采集、数据治理、数据模型、数据质量，并实施有效的数据保护。根据组织的具体要求，这一角色可以侧重于技术上的数据分析、数据集成和元数据管理，也可以侧重于管理上的数据治理和质量流程。

角色定义：数据经理

目的：确保数据可用、可信和可获取。

能力领域：数据管理、数据质量和数据治理。

职责：

● 对数据平台和新数据源的获取进行管理。

● 管理数据的访问权限。

● 确立并实施数据质量监控规则。

● 确定和执行关于数据保护和数据合规的程序。

● 管理数据目录并收集元数据的周边流程。

● 定义和管理数据模型。

● 识别数据收集和客户同意管理方面的差异。

软件开发人员

随着数据组织中项目模式到产品模式的转变，前后端软件开发人员这一角色越来越频繁地出现。前后端软件通常是解决端到端业务问题的重要组成部分。当机器学习算法将一个流程自动化时，通常需要后端软件来执行该流程，而前端软件则是用来管理、配置和监控机器学习算法的。合格的软件开发人员能够理解业务问题，并在数据产品经理的帮助下将其转化为前后端需求，进而创建记录良好的、生产就绪的、能够自动测试和部署的软件代码。此外，他们还负责软件的运维。

角色定义：软件开发人员

目的：构建前后端软件，使数据产品在运营业务流程中可用。

能力领域：前后端软件工程。

职责：

● 将用户需求转化为功能需求。

● 设计前后端功能。

● 实现前后端功能。

● 测试和部署前后端功能。

● 运维和扩展前后端功能。

数据分析师

数据分析师是数据团队中的商业智能专家。他们设计报告与仪表盘，并支持其实施。数据洞察力的有用性在很大程度上取决于数据分析师使结果可视化的能力。这种可视化是指结果易于用户理解、解读并整合至其工作流程中。数据分析师应该在定量分析、沟通和设计方面具有很强的技能，（最好）具有基本的数据科学知识和编程（通常是JavaScript 和 Python）技能。他们应该是自助式商业智能与仪表盘工具（如 Tableau、Qlik、Looker 和 Power BI）的专家。他们还应能够在分析用户需求后利用模拟软件工具（如 Balsamiq、Mockingbird 和 Framer X）绘制详细的模拟图，并能自如地操作和支持他们创建的仪表盘。

角色定义：数据分析师

目的：创建仪表盘和报告，在指标和财务数据中反映企业的运作情况。

能力领域：数据分析。

职责：

- 确定如何衡量组织中最重要的指标。
- 为商业智能设计仪表盘和自助服务环境。
- 形成标准报告提供给决策者、经营管理者、财务管理人员和监管人员。
- 创建仪表盘来监控机器学习模型的性能。
- 制定数据管理和整合的工作要求。
- 负责商业智能解决方案的运维。

每一种角色都会在数据团队中发挥独特的作用，这些作用结合在一起，可以使组织有效地设计、验证、构建、部署和运维数据产品。下一节将探讨如何以最佳方式将不同技能结合起来。

建立敏捷组织

通常，在建立组织时，最需要讨论的是各种角色应该分配在何处。业务部门和信息技术部门都想当然地认为数据角色应该放在他们自己的部门，而不是别的什么地方，每个部门都在不断争取更多的资源、重要性和权力。在这种讨论中，经常出现的问题是：

- 团队的人员应该是跨职能的，还是根据其角色来配置？

● 应设置哪些领导岗位？

● 哪些角色应该置于业务部门，哪些角色应该置于信息技术部门？

● 应该将角色分散到各个业务部门、单位和市场，还是应该更多地集中到总部？

这些问题的答案并不是非此即彼；许多不同的方法同样可以获得成功，每个公司需要根据情况和背景采取不同的方法。然而，无论公司处于何种特定情况下，建立敏捷组织的一些原则都可以作为指导，这些原则将在下文介绍。这些原则可以帮助构建所述架构，并将重点放在摒弃传统企业固有的工作模式上。这些原则还有助于确立敏捷的工作模式，这种模式构成了全球的数字化公司所倡导的公司流程的基础。

传统组织架构的局限性

建立数据与 AI 团队，最直观的方法就是聘请各角色的负责人（如数据科学负责人、数据工程负责人、数据管理负责人），并根据其手下角色建立团队——数据科学团队、数据工程团队、数据管理团队等。许多公司正是以这样的方式开始数字化转型之路的。建设这样的组织面临的主要挑战是，需要大量的规划协调，以确保在项目中具备合适的角色来提供数据产品。通常，在资源的优先级方面会发生很多冲突，进而形成新的孤岛。数据科学团队可能会抱怨数据产品管理团队，认为后者没有恰当地记录需要做的事项，也没有确保数据得到充分记录。数据科学团队拒绝在充分定义和理解数据产品之前进行工作，对此，数据产品管理团队可能很快就会感到厌烦，尽管他们在创意阶段中需要数据科学团队的支持来定义数据产品。数据产品经理关心其产品，数据科学家关心其模型，数据经理关心其数据，数据工程师关心其解决方案架构。在这样的组织架构中，没有人真正关心如何解决数据产品相关的整个业务问题。

组织跨职能的产品小队和基于角色的分会

对于努力变得更加敏捷的企业来说，关键的一点是，团队实际上应该是跨职能的、投入的、自给自足的、自发专注于业务问题的。与在哪里安置数据团队同样重要的是，如何组织他们。传统的组织方式有两种。第一种方式是将所有相同角色的人员在组织上归入一个团队，如将所有数据科学家归入数据科学团队，将不同角色的人员归入跨职能项目团队。这种方式的缺点在于，项目结束后，项目团队就会解散。第二种方式是将人员分散到不同部门，让他们在部门中承担混合角色，每个部门专注于某个特定业务领域。在此，存在的问题可能与上述分散式的传统组织架构所面临的挑战相类似：履行数据任务的员工可能得不到足够的支持来发展技能。在敏捷软件工程中，常见的做法是将两种方式结合起来。这种统一的方法已经由声田成功开创，并被其他许多组织采用[1]。一个小队是由 3~9 人组成的跨职能小团队，是自组织的，且有长期的任务。该团队拥有自主权，可以在公司的一定约束和规则下决定建设什么、如何建设以及如何合作。团队的工作同产品战略、公司的优先事项以及其他小队的工作保持一致。对长期任务的关注，使小队成员成为所关注的业务领域的真正专家，而混合角色则确保小队能够具备各种技能来解决不同的业务问题。为了确保相同角色的人员能够相互支持，团队为每个角色都建立了分会。分会为其角色设定标准，分享知识和最佳实践经验。任务相互关联的小队可以组成一个部落，每个部落最多 100 人，共享一套优先事项和由此产生的预算分配。声田模式能够在数据产品战略的每个数据产品领域建立跨职能产品小队，同时在每个分会中培养技能，这些技能代表了能力战略中的不同角色和核心能力。图 5.2 是关于跨学科小队和分会设置的一个例子。

"营销" 数据产品领域负责人			
客户忠诚度 小队经理	价格 小队经理	转化 小队经理	数字化营销 小队经理
数据产品 经理	数据产品 经理	数据产品 经理	数据产品 经理
数据科学家	数据科学家	数据科学家	数据科学家
数据工程师	数据工程师	数据工程师	数据工程师
数据经理	数据经理	数据经理	数据经理
软件开发人员	软件开发人员	软件开发人员	软件开发人员
数据分析师	数据分析师	数据分析师	数据分析师

行标题（自上而下）：数据产品管理分会负责人、数据科学分会负责人、数据工程分会负责人、数据管理分会负责人、软件开发分会负责人、数据分析分会负责人

图 5.2　跨职能的数据与 AI 敏捷组织的设置示例

主要原则

构建跨职能的数据与 AI 敏捷组织。

数据产品领域团队

● 确定任务和 OKR，作为数据产品战略的一部分。

● 由数据产品领域负责人领导。

● 由一个或多个小队组成（见下文）。

小队（基于数据产品领域）

● 在业务领域内打造数据产品。

● 3~9 人的跨职能团队。

- 在考虑到总体优先事项的情况下自我组织起来。

- 团队成员以不同的角色工作。

- 可能有自身的子 OKR。

分会（基于角色）

- 所有在某个角色下工作的员工都属于该角色对应的分会，如数据产品管理分会、数据科学分会、数据工程分会……

- 各分会的负责人为各自学科制定标准，并提供培训和分享知识的机会，角色中的每个人都需要遵守既定标准。

数据与 AI 的领导地位

除了首席数据官，还有三类领导角色：每个数据产品领域的领导者，数据产品领域内每个小队的小队经理，以及每个基于角色的分会的负责人。数据产品领域领导者和小队经理专注于设计和交付优秀的数据产品来产生直接的业务成果，而分会负责人旨在培养出色的能力。数据产品领域领导者管理所有特定数据产品领域的产品小队。小队经理通常直接向各数据产品领域负责人汇报工作，并管理跨职能小队。每个小队包括承担不同角色的成员，这些成员不需要直接向队长汇报。分会负责人管理同一角色下的每个人。作为良好实践，我们建议同时设置分会负责人和小队经理，因为二者负责两项不同的事务。在小型公司中，可能不存在小队经理这一级别，小队是由数据产品领域的领导者直接管理的。

业务部门和信息技术部门之间的合作

一个常见的问题是，数据角色应该放置在信息技术部门还是业务部门。答案是可能在二者中间，因为数字化转型模糊了它们的界限。按照斯克拉姆方法和看板法等敏捷方法，业务部门和信息技术部门应该在联合虚拟组织中整合工作。在业务部门和信息技术部门存在极大分歧的企业中，建议建立联合数据单元，其中有一名业务负责人和一名信息技术负责人，他们共同负责管理任务。有些角色一定要分配在业务方面。首席数据官和数据产品经理的角色尤其如此，因为他们决定了数据、分析和 AI 的业务战略，并指导业务预算来构建和运营数据产品。数据科学家、数据经理和数据分析师是以业务为中心的角色，而数据工程师和软件开发人员则是以信息技术为中心的角色。不过这种划分比较灵活，应该根据企业的具体需求进行调整。

数据角色的集中与分散

可以通过三种方式在企业中配置数据团队。第一种是将所有数据角色置于一个中央单元。这对于刚开始数字化转型的公司来说，是合理的选择，因为这样更容易培养技能，而且可以避免不同步的投资。缺点在于，在实际创造商业价值的业务单元中，没有技能可用。第二种方式则恰恰相反：将所有数据角色分散到各个业务单元。这通常可以让数据科学家处理业务领域中最相关的业务问题，因为他们与业务部门的合作非常紧密。同时，由于人员都处在同一团队中，数据产品的接受度也会提高。不利之处在于，数据科学家和数据工程师完全分散在企业中，可能无法相互支持。这也可能导致他们对跨职能的总体数据主题缺乏责任感，比如无力建立和运行联合数据平台，或者同样的投资可能会进行两次，导致重复工作。目前，在集中式数据团队和接近核心业务流程的分散式团队之间，有一种被称为"中心和辐条"的混合模式被视为最佳实践，即第三种方式。虽然存在总体的战略、质量标准和角色标准，也有中央数据平台及其运维，但数据科学工作通常是在数据产品所支持的业务流程中进行的。这种模式旨在调和集中和分散的效果。部门政策和部门之间的协调可能面临最大的挑战，因为集中和分散之间合适的平衡点只能从每一天、每个主题中分别寻找。因此，制定战略指导方针，确定中心化和分散化应该适用于何种事务，对避免不必要的冲突极有裨益，而冲突将阻碍执行的过程。

数据角色集中的优势

● 在项目开始阶段容易培养技能。

● 能够更加协调地投资于数据平台和数据使能。

● 能够将战略与各业务部门的协同工作统一起来。

数据角色分散的优势

● 数据产品的接受度更高。

● 更容易发现相关的业务问题。

● 数据科学家能够更快地获得业务领域的知识。

数据与 AI 需要哪些指导机构？

根据企业的规模，可以设立许多同数据与 AI 相关的委员会。最高管理机构是数据与 AI 理事会，它应该定位在 C 级，会在数据基础设施、数据架构、数据治理和数据产品组合方面做出最重要的战略投资、治理和优先级方面的决定。中型企业中，数据与 AI 理事会通常也是管理委员会。在数据与 AI 理事会之下，一些工作小组可以就特定数据领域或其他数据主题开展工作，如数据架构。数据与 AI 理事会通常由首席数据官组织。

在设计数据与 AI 敏捷组织方面，一些优秀的做法值得探索。本节概述了其中一些做法，并探讨了它们的优缺点。无论一家企业选择什么样的组织架构，都需要建立流程，下一节将对此进行讨论。

实施和调整流程

在梳理了核心能力、角色、职责及敏捷组织之后，关于数据与 AI，还剩下最后一个要素，即数据与 AI 的流程实施。有四套核心流程（图5.3）需要针对数据与 AI 来实施和调整。

产品	→	数据产品生命周期流程
数据	→	数据与AI治理流程
平台	→	数据平台流程
其他	→	BREAK流程

图 5.3　数据与 AI 的流程

1. 数据产品生命周期流程：设计、开发、部署和运维数据产品。

2. 数据与 AI 治理流程：确保高质量的数据采集、处理和提供，并使数据可用、可理解和可信，同时确保机器学习模型可解释、可信、可控和合规。

3. 数据平台流程：开发和运维数据平台。

4. 其他流程：采购、招聘、绩效评估、法律和合规性审批，以及为更好地支持数据与 AI 组织而必须进行调整和变更的投资。

数据产品生命周期流程

第 3 章和第 4 章详细讨论了如何在数据产品的整个生命周期内对其进行有效管理。数据产品的候选创意最初是在创意阶段产生的。其后，每个候选数据产品都要经过初步评估阶段，它的可行性、价值及其与数据产品战略的匹配性得到评估。最好的数据产品创意将通过所涵盖的功能、业务影响、用户体验、技术可行性、道德和合规性等方面，得到进一步确定，然后在概念验证中进行验证。如果一切顺利，数据产品的业务价值、用户接受度、合规性和可行性都能得到认可，那么就可以设计、构建 MVP 并部署到生产中。数据产品上线之前，通常需要重新设计业务流程以充分利用新数据产品。用户需要接受培训，了解如何更好地使用数据产品，了解调整后的业务流程如何工作。一旦投入生产，数据产品需要运维和监控，被进一步开发成最终产品并得到维护。一些数据产品可被推广到更广的范围，如从一家工厂到其他许多工厂。数据产品经理从数据产品生命周期的开始到结束都要对数据产品负责。

清单

数据产品生命周期内流程的种类

- 确定数据产品的需求并确定优先级；

- 评估数据产品创意，将其加入产品组合；

- 设计数据产品；

- 验证数据产品；

- 开发数据产品；

- 部署数据产品；

- 运维数据产品；

- 推广数据产品。

数据与 AI 治理流程

数据与 AI 的第二套流程是治理流程，我们将在第 6 章 "技术与治理" 中详细探讨。数据与 AI 治理流程涉及如何在整个组织中利用数据与 AI，旨在使数据与 AI 更易获取、可信、可用、可控、可解释和合规。数据经理是数据与 AI 治理流程的核心成员。这些流程的范围在不同的企业之间会存在明显差异，并在很大程度上取决于数据的成熟度和目标。越来越多的企业希望使整个企业的数据资产利用民主化，在法律和监管要求的限制下，向所有员工提供数据并让他们使用。企业通过建立中央数据湖，将最重要的数据装入其中并提供给所有人，就可以实现数据的可获取性。数据访问流程规定了谁可以出于哪些目的访问哪些数据。为确保更高的数据质量，当数据被加载到数据湖中时，可以实施数据质量监控规则。数据模型对最重要的主数据、业务数据以及记录数据湖中数据的数据日志进行定义，使数据更易用于分析和机器学习。当数据尚未收集或是我们还没有就数据采集和使用征得客户同意时，需要应用数据收集和客户同意流程。最后，基于 AI 的道德和监管方面考虑，须确保机器学习模型按照法律、监管要求和企业价值观行事。

清单

数据与 AI 治理流程的种类

- 设立 AI 治理以建立对 AI 决策的信任；

- 管理数据平台并获取新的数据源；

- 管理数据的访问权；

- 制定和执行数据质量监测规则；

- 确定和执行关于数据保护和数据合规的程序；

- 管理数据目录和收集元数据；

- 定义和管理数据模型；

- 识别数据收集和客户同意管理方面存在的差异。

数据平台流程

指导数据平台的开发和运维属于第三套流程，第6章中也有所涉及。对新平台功能的需求来自数据组合、能力建设和转型战略，更来自计划中的数据产品和数据治理流程。数据工程师是所有与数据平台相关的 DevOps 和 MLOps 流程的关键人员。未来，典型的平台工程团队都极受欢迎。可以得出的结论是，需求的优先级取决于哪种方式最能支持整体的数据与 AI 战略。数据产品、能力建设和转型战略中设定的优先级应直接反映在数据平台团队的需求优先级中。新的数据平台功能，要在保持整个数据平台及其上已经运行的产品稳定的前提下，进行设计、实施和部署。数据平台还要不断地运行、支持、监控和维护。最后，数据平台应定期进行安全和架构评估，从而提高监测能力，改进整体技术和安全架构。还应定期确定并推行有潜力的改变，以降低数据平台的复杂性并提高其标准化程度。

数据平台流程的种类

- 收集平台功能需求并进行优先级排序；

- 设计数据平台功能；

- 开发数据平台功能；

- 部署数据平台功能；

- 运行、监测和维护数据平台；

- 对数据平台进行安全评估、监测和强化；

- 对数据平台进行架构评估、监测和强化。

BREAK 流程

公司中可能已经存在一系列影响数据产品管理、数据治理和数据平台的流程。这些流程往往需要改变或调整，以更好地满足敏捷数据与 AI 企业的需求。这至少包含了五个 BREAK 流程：采购（buy）、招聘（recruit）、评估（evaluate）、审批（approve）、中止（kill）。如果其中一个流程出现问题，就会中断其他所有流程。

● 第一个流程是采购流程。数据与 AI 项目的主要问题是，大公司的大多数采购流程耗时太长。采购和引入新的软件可能需要一年以上的时间，而争取合适的供应商加入也同样具有挑战性。可以调整采购流程以便更快地与初创企业和小型供应商合作，使用如亚马逊网络服务等软件，可以显著提高数据产品的交付速度和质量。

● 第二个流程是调整招聘流程。获取数据与 AI 人才同样是具有挑战性的任务。企业的招聘流程往往缺乏灵活性，有些人才的市场需求量很大，企业却无法为他们提供职位。

● 第三个流程处理的是传统公司的绩效评估方式。这种评估方式对技术人员来说可能意味着劣势，尽管对管理人员来说未必。对于开发人员与机器学习工程师来说，需要有明确的、有吸引力的职业发展道路。

● 第四个流程是在数据产品开发之前、期间和之后进行法律和合规性审批的过程。数据产品的开发通常需要专门的合规性和法律方面的支持，以确保有价值的数据与 AI 开发人员不会排队等待数月才能获批开始工作，避免浪费宝贵的资源。

● 最终，数据产品生命周期管理的关键原则是，高影响力的数据产品创意能够在可行性和用户体验方面得到快速验证，并尽快将表现不佳的数据产品创意从产品组合中剔除。因此，第五个流程是中止流程，这对大多数公司来说往往意味着运营方式的重大变革。财务和项目管理流程应该更加灵活，以容许这种快速试错的模式存在。

上述流程的调整通常是重大的变革管理项目，需要许多高级管理人员的支持和关注，还需要相当长的时间才能真正得到落实。

清单

BREAK 进程

● 采购：在敏捷数据与 AI 团队中采购软件和服务；

● 招聘：招募和留住优秀的数据与 AI 人才；

● 评估：衡量数据与 AI 的绩效；

● 审批：获得数据与 AI 的法律和合规性批准；

● 中止：在数据与 AI 领域运用"成功快 / 失败快"的模式。

有关能力与敏捷组织的经验教训

数据与 AI 转型需要业务部门和信息技术部门的全面参与

一个经常出现的错误是，在业务部门或信息技术部门二者中选择一个来创建数据与 AI 组织，或者让一方明显占据主导地位。所有这些做法都会产生重大问题。一方面，如果没有或缺乏足够的信息技术参与，现有的信息技术系统和数据库就无法连接到数据平台，机器学习应用也无法将算法的输出反馈给业务系统。另一方面，如果缺乏业务部门的参与，产品团队通常会单纯关注数据与 AI 技术方面，而忽略数据与 AI 实际上是重大业务转型的一部分。因此，在数据与 AI 转型中，找到业务和信息技术参与的正确结合点才是关键。方法之一，是由一名业务领导和一名 IT 领导在共同目标下合作。同样重要的是，让业务团队和信息技术数据团队在同一地点办公，以整合的方式工作，以铲除协作和创新的障碍。

以各团队之间的密切配合，为自组织的团队提供空间

为完成任务自行决定所做工作的小队，对许多企业来说还是新事物，它们的出现对长期以来的模式构成了挑战。在大多数情况下，这与公司的发展方向是不相容的，因此，需要制定预算和回顾机制，给予小队所需的自主权。第一步是调整小队的任务并达成一致，这些任务需要得到所有高级利益相关者的认可，并从属于企业战略与产品组合战略。下一步，应该建立小队可以并需要运作的边界，使公司其他部门更容易与小队互动，并设定期望值。这些边界由高级管理人员、数据与 AI 战略、小队预算限制、数据产品路线图和小队需要承诺的架构要求来定义。自组

织的小队必须与其他小队保持一致，以确保不同的数据产品能够共同融入整体目标图景。

从小处着手，不断发展

从一开始就组织过大的小队，或过多的小队同时开始工作，这可能是难度非常大的。小队很有可能变得缺乏效力。最好是在开始启动一个新的小队时，至少配备一名产品经理、一名数据科学家和一名数据工程师，然后根据小队任务，为上述角色补充更多人员或增加其他角色，逐渐扩大规模。另外，通常可以先为每个数据产品领域成立一个小队，再成立一个专门开发和运维数据平台的小队。需要制定适应各小队的流程和标准，这也是分会发挥作用之处。因此，在早期就设立分会负责人，和任命小队经理同样重要。当成立更多的小队时，各分会的负责人将培训新的小队管理人员，以遵守指导方针和标准，进而确保新小队的发展尽可能顺利。

能力与敏捷组织清单

以下清单涵盖了能力与敏捷组织建设的四个阶段，可以用来验证是否遗漏了任何重要方面。

清单

核心能力

- 战略和转型；
- 产品管理和用户体验；
- 机器学习和数据科学；
- 数据工程、基础设施和架构；

- 数据管理、数据质量和数据治理；

- 前后端软件工程；

- 数据分析和商业智能。

角色和责任

- 首席数据官；

- 数据产品经理；

- 数据科学家；

- 数据工程师；

- 数据经理；

- 软件开发人员；

- 数据分析师。

建立敏捷组织

- 按数据产品领域组织的跨职能小队；

- 基于角色的分会；

- 业务和信息技术的整合；

- 人员集中和分散的平衡；

- 数据与 AI 董事会的成立。

实施和调整核心流程

- 数据产品生命周期流程；

- 数据与 AI 治理流程；

- 数据平台流程；

- BREAK 流程（采购、招聘、评估、审批、中止）。

小　结

　　各企业需要构建一些核心能力，以便提供数据产品。这需要引入许多全新的角色、职责和业务流程，还需要敏捷组织机制。培养核心能力，还需要恰当的技术与治理，这将在下一章介绍。

尾　注

［1］ Kniberg, H, Spotify engineering culture (part 1) [Blog] Spotify R&D, 27 March 2014. https://engineering.atspotify.com/2014/03/27/spotify-engineering-culture- part-1/ (archived at https://perma.cc/F9YW-EZA8)

06

技术与治理

本章学习目标

- 了解如何设计数据平台
- 了解如何构建数据基础设施并创建中央数据仓库
- 了解如何制定机器学习、商业智能和数据产品的架构和开发标准
- 了解如何实施有效的数据与 AI 治理
- 了解如何确保机器学习模型的可信性
- 了解为什么在公共云上构建数据平台会更好
- 了解为什么应该将数据产品架构相关的一切事项做好记录

技术与治理的主要原则

到目前为止，本书主要讨论了战略、组织以及数据产品的交付和管理。虽然这些都是在数据与 AI 领域取得成功的基本要素，但做好这一切工作的基础，在于具备运作良好的数据平台与架构，在于数据与 AI 的治理。现在，是时候讨论技术与治理了。更确切地说，本章将按三个

阶段为如何更好地在你的企业中使用数据平台和架构以及如何进行数据与 AI 治理，提供指南、操作流程和策略（图 6.1）。

数据平台是获取数据、管理数据、转换数据并向企业的数据产品和数据消费者提供数据的中心场所，可以视为企业自身的数据产品领域，因此有必要为数据平台配备完整的产品小队。事先确定、设计、开发、部署、运行、监测和维护数据平台功能的过程，应以类似于其他数据产品的方式进行管理。

数据平台用于管理数据和提供数据，以此构建数据产品，并使数据产品能够运行。平台架构提供了技术框架，对数据平台上的事件处理方式进行管理。数据与 AI 的有效利用则需要通过治理来控制。

图 6.1　技术和治理的三个阶段

技术和治理可分三个阶段进行：

1. 搭建数据平台：确定在哪里以及如何加载、转换、存储数据并向数据消费者提供数据。

2. 搭建框架和制定开发标准：确定数据产品应如何建立在数据平台上，以及机器学习和商业智能需要哪些工具与技术。

3. 实施数据与 AI 治理：使数据与 AI 变得可获取、可信、可控和可理解。

搭建数据平台的关键原则

首要的一步是建立共同的数据基础设施，它的所有中央数据存储库能让每个人和每个应用程序都能快速获取相关数据。这是数据平台的核心，而平台本身应作为独立的数据产品领域。还应该配备专门的数据平台团队，由数据平台团队经理管理，按照产品管理流程来设计并确定优先级，实现数据产品的平台功能。数据平台应具有性能高、易扩展和适应性强的特点，因此，云基础设施是目前数据平台底层基础设施的最佳选择。使用移动、更改和管理数据的工具，可以使数据平台团队的工作更加轻松有效。需要对数据平台的架构进行审查并不断改进，使其与时俱进，评估并增强其安全性，提高成本效益，增强其绩效和稳定性。

主要原则

搭建数据平台

● 根据数据类型，选择合适的数据存储方式。

● 遵循数据仓库或数据湖原则进行数据架构。

● 批量加载或流式提取源系统数据。

● 具有支持数据工程师提取、加载、转换和管理数据的工具。

● 由基于云的数据基础设施环境保障灵活性和可扩展性。

● 定期审查数据平台的架构。

架构和开发标准的主要制定原则

随着数据组织和数据产品组合的发展，解决方案、数据架构和数据平台的复杂性也在增加。如果不尽可能地降低复杂性，将难以管理。可

169

以通过许多方法制定正确的标准，来避免数据架构中不必要的复杂性。制定架构和开发标准的目标是降低复杂性，为构建和运行可靠、合规的数据产品提供便利。

主要原则

制定架构与开发标准

- 以 MLOps 模式部署和运行机器学习模型。
- 将数据平台的不同环境（阶段）用于数据产品的验证、开发、部署和运维。
- 遵循微服务架构标准。
- 数据转换，即软件应用，可使用其他软件代码（如版本控制、模块化）的相同规则进行处理。
- 将编程语言和软件包标准化，以使数据产品所有阶段的协同工作更为有效。
- 考虑到不同类型的数据用户，需要定义商业智能和机器学习的技术与工具标准。
- 在数据平台的不同阶段配备相同的工具箱与标准，确保机器学习模型更容易部署。
- 共享的特征存储和标准化指标可以加速机器学习模型和商业智能解决方案的设计和测试。

实施数据与 AI 治理的主要原则

对数据平台最频繁的产品功能要求是将包含高需求数据集的新数据源连接到数据平台上。对于数据平台上的数据，需要在访问权限、数据质量、数据安全保护和合规性方面进行治理。当重要数据缺失时，需要调查是否可以通过某种方式获取或收集缺失的数据。

主要原则

实施数据与 AI 治理

- 对机器学习算法的质量、透明度、可解释性和控制方式进行管理，以建立基于 AI 的决策信任。
- 将企业的所有相关数据源作为源数据定期加载到数据平台中，并集成到联合数据模型中。
- 标准化并简化数据访问程序，以便人类和系统能够快速、合规地访问数据。
- 在数据目录和技术元数据中描述数据集，以了解数据的来源和包含的内容。
- 从源头上监控、改进数据平台的数据质量，并进行管理，纠正数据错误。
- 以用户友好的方式在数据平台上确定并强制执行数据保护程序，确保其安全和合规性。
- 定期找出数据平台中影响较大的数据缺口并采取相应措施以解决这些问题。

搭建数据平台

正如前文所强调的，数据平台是获取、管理、转换数据并向企业的数据产品和数据消费者提供数据的中心场所，可作为特有的数据产品领域，并配备专门的产品小队。另外，上文还提及，收集数据、确定优先

171

级，以及对数据平台功能的设计、开发、部署、运行、监控和维护等流程，应该以类似于其他数据产品的管理方式进行管理。在本节中，我们将介绍一些重要的设计决策，涉及应管理的数据类型、数据平台建设所需的数据基础设施、数据平台的存储技术和架构，以及数据在系统和数据平台之间的传输和转换方式。

搭建数据平台的步骤

1. 了解不同类型的数据；

2. 选择合适的数据存储方式；

3. 设计数据架构；

4. 从数据源中提取数据；

5. 转换和加载数据；

6. 选择数据基础设施环境。

了解不同类型的数据

在软件开发中，确定所需的数据类型是编写代码的第一步。例如，代表数字的整数、分数和真假布尔值，代表字母和单词的字符和字符串。同样，在开发数据产品时，必须了解各数据产品所需的基本数据类型。这将成为与数据基础设施相关的其他决策的基础。数据主要可以区分为结构化数据和非结构化数据。Excel 电子表格是结构化数据的典型案例。相比之下，Word 文件包含了非结构化数据，因为不清楚各个单词之间的关系和各文本段落之间的关系。非结构化数据不能像结构化数据那样轻易地被归结为一种简单的形式，这使对它们的分析变得更加复杂。在这两种数据类型之间，有一种半结构化数据，它们具有一定的层次性，处理起来比非结构化数据稍微容易一些，如JSON 文件和HTML文件。

结构化数据和非结构化数据有什么区别?

● 结构化数据：结构化数据条理清晰，通常采用表格的形式。除了清晰，其主要优势就在于各个数据点之间有明确的关系。例如，在 Excel 电子表格中，通常可以清楚地呈现出一行所有单元格之间的关系。

● 非结构化数据：非结构化数据形式多样，范围广泛，如图像、文本文件、网络服务器日志和音乐文件，等等。图片和视频是机器学习模型较难处理的非结构化数据。

● 半结构化数据：半结构化数据提供了某种形式的结构，同时又不像结构化数据那样死板。例如，JSON 文件显示的是层级结构，揭示了各个层级之间的关系。根据半结构化数据的格式，必须选择相应的数据存储类型。

选择合适的数据存储类型

数据类型确定后，就需要考虑数据存储技术了。你要根据选定的数据类型，选择相应的数据库模型。数据库模型是指用于数据存储的数据库结构。对于结构化数据，你最适合选择关系型数据库模型，因为该数据库模型中的数据会条理清晰地列在相关表格中。例如，MySQL、Oracle 和 PostgreSQL 都是关系型数据库管理系统。你可能已经注意到了，在谈及关系型数据库模型时，我们已经多次提及 SQL 这个术语。这是因为 SQL 指的是结构化查询语言，允许用户用简单易懂的语法在数据库中进行具体而广泛的查询和更改。可以通过简单的命令对表中的每一步操作进行添加、组合、删除和更新。

与关系型数据库模型相比，非关系型数据库模型可以管理复杂的非结构化或半结构化数据。它们也被称为 NoSQL 数据库模型，意为"非 SQL"或"不仅仅是 SQL"。如上所述，非结构化数据种类繁多，因此有不同类别的 NoSQL 数据库模型，分别适合不同类型的非结构化数据（表 6.1）。相对于关系型数据库模型，NoSQL 除了能够处理非结构化数据，其优势还在于极大的灵活性和可扩展性。对于关系型数据库模型来说，在输入第一条数据之前，你需要先创建固定的表格，表格中应包含存储于数据库的数据和数据类型的详细信息。关系型数据库模型在展示现实世界的复杂性方面具有天然屏障，原因在于，即便这些表格数量庞大，也并非所有变量之间的相互依赖关系都能通过相互关联的表格来展示。而 NoSQL 数据库模型由于能够处理非结构化数据，它也能够更好地处理现实世界中的复杂性。计算机集群不断增强的处理能力能够满足数据存储需求的扩展，这对于具有大量半结构化或非结构化数据的复杂数据产品来说是必要的。然而，无论你是选择关系型还是非关系型数据库模型，这都取决于你的用例。比如，结构化数据的特点是它们之间存在精确的关系，并可以用明确的模式来概述，因此，当你处理结构化数据时，关系型数据库模型就会派上用场。更多示例请参见表 6.1。

表 6.1　四种流行的 NoSQL 数据库类型的差异

NoSQL 数据库	说明	用例	示例
列数据库	数据按列而非按行存储，以允许 SQL 查询快速处理	结构化数据和数据仓库的使用（在下一节比较）	MariaDB，MonetDB，Apache Cassandra
图数据库	将数据存储为包含人或物品之间关系信息的图形	适用于强调实体间关系的用例，例如社交网络或欺诈检测	Neo4j，OrientDB，TigerGraph
键值数据库	一个特定键可与任何类型的值关联（如文档、文本、数字），查询只能在非常有限的范围内进行	当要求速度和可扩展性时，将极有帮助，如处理峰值时。例子包括网络缓存和实时分析	Redis，Oracle Berkeley DB，Amazon DynamoDB
文档数据库	这是一种特殊的键值数据库，一个特定键主要与半结构化文档的不同类型相关联	当需要收集大量多样化的数据并可能进行实时分析（如客户分析）时，将发挥重要作用	MongoDB，Couchbase，MarkLogic

设计数据架构

任何公司通常都会使用一些不同的数据库系统，如用于个人数据的数据库系统、用于产品数据的数据库系统、用于网络服务器日志的数据库系统，等等。如果你试图在数据平台中整合这些不同的数据源，就需要建立整体数据架构。最常见的两种数据架构是数据仓库和数据湖。有许多与关系型数据库相关的用例可以很好地整合到数据仓库中，因此，一家公司非常有必要同时拥有两种架构。同时，收集和利用非结构化数据的机会不断增多，这可能需要更灵活的数据湖架构。好消息是，这两种架构可以和谐共存，因此都可以集成到数据平台中。现代数据平台通常是数据湖和数据仓库的混合体。最后，应定期审查数据平台的架构，以评估并增强其安全性，提高成本效益，增强其绩效和稳定性。

数据仓库架构和数据湖架构的区别

- **数据仓库**：数据仓库与关系型数据库模型的关系类似于关系数据库模型与结构化数据的关系。因此，由于公司过去主要使用结构化数据和关系数据库管理系统，数据仓库历来是首选的架构，这也就带来了与关系型数据库类似的优缺点。例如，对明确的模式、清晰的表结构和数据库表格的互联性的需求，以及在灵活性和可扩展性方面的不足。数据仓库在设计上要求必须将数据结构化，并事先考虑每个结构的影响。

- **数据湖**：随着非结构化数据和 NoSQL 数据库系统越发重要，其他形式的架构布局已成为必需。数据湖架构允许存储各种形式的原始数据，如视频或文档文件、传感器或无人机数据、卫星图像，以及你的公司收集的任何其他类型的数据。此时，湖泊的比喻就非常恰当：可以在数据湖中存储任何东西，而不必像在数据仓库中那样以某种方式对它们进行转换。在数据仓库中，必须为纳入其中的每个数据库定义模式。数据湖具有一个巨大优势，它可以存储大量数据且不用考虑如何将数据结构化或组织起来，但这也会带来数据杂乱无章的风险，最终，数据湖将演变成数据沼泽。在数据沼泽中，没人知道里面存储了什么数据，如何使用这些数据，对于公司而言，这将毫无价值。

从源系统中提取数据

数据平台利用数据流水线从不同的数据库获取数据。通常情况下，批量加载是将数据从数据源转移到数据平台的默认方式，除非数据需要持续更新。在这种情况下，采用数据流架构，数据源中任何新增或更新的数据都会立即传达给数据平台，使平台中的数据源始终是最新的。另外，一些工具和开源软件，如 Kafka、Amazon Kinesis、Google Cloud Dataflow、Apache Storm、IBM Streaming Analytics、Microsoft Azure Stream Analytics 和 StreamSQL，为数据流提供了良好的基础。这些工具几乎可以实时地将数据加载到数据平台中。如果数据在数小时之后再进行批处理也没有不利影响，就不需要数据流架构了。如有介于两者之间的情况，则可在一天中不断安排微批量加载，以保持数据更新。虽然，些许延迟仍在所难免，例如，有些工具大约每 5 分钟刷新一次数据，但提供的数据总比传统批量处理加载的数据要新得多。在任何情况下，数据流水线的高度自动化对于实现精益 DevOps 和 MLOps 方法以及大幅减少人工工作量都是至关重要的。

批量加载和数据流之间的区别

- 批量加载：数据加载通常是通过批量加载来执行的，只需在数据源处复制原始数据即可，这意味着所有新增和更改的数据将会在一个固定时间加载到数据平台中。另见后文关于工具的介绍。

- 数据流：数据流侧重于实时处理数据。流式传输、汇集和处理数据是连续的，而不是批量的。

转换和加载数据

所有流程都需要进行转换，如清理和纠正数据的格式或类型，省略各自业务问题或用例所不需要的数据。通常，数据工程师利用 Java 和

Python 等编程语言，手动构建数据流水线，或进行数据转换。一些工具可以帮助数据工程师更容易、快速、透明地将数据传输和转换到数据平台上，且避免了较多的维护工作。例如，有很多来自踏蓝（Talend）、国际商业机器公司（IBM）和咨科和信公司（Informatica）等厂商的比较成熟的工具涵盖了从数据源到数据平台的整个过程，这些工具通常会应用 ETL 逻辑。这些工具带有一套非常广泛的功能，常可用于低代码环境，如通过使用拖放功能来设计数据管道，这意味着管理员和用户即使不是软件开发人员，也可享用该工具。虽然这些工具大多也支持云部署和云数据平台，但过去的重点主要是支持内部数据仓库。越来越多的科技公司正在利用新一代原生云 ELT 工具，把它们作为将数据接入数据平台并执行数据转换的主要方式。这些工具通常基于开源框架，主要为云数据平台打造。它们都是轻量级的，往往专注于数据获取过程中的某一环节。例如，Fivetran 和 Stitch 这样的应用程序可以用微批量的方式从不同来源提取和加载数据，而 DataForm 和 DBT 这样的工具则支持将数据加载到数据平台后进行转换。许多工具能够协助观察数据源数据结构的变化，并在需调整的数据平台完成转换后发出通知。

ETL 和 ELT 的区别

- 提取转换加载（ETL）：数据在加载到平台之前，需要先转化为最终的格式，因此处理的步骤为提取、转换和加载。
- 提取加载转换（ELT）：首先将未转换的数据完全加载到数据平台，然后进一步转换为结构良好的定义表，以便于数据消费。

选择数据基础设施环境

对数据基础设施的选择是最终的、更上层的设计决策。你可以在公共云和内部解决方案这两个主要选项中进行选择（两者之间还存在一些组合形式）。在与数据产品相关的用例方面，与内部解决方案相比，云解决方案具备许多优势：非常灵活，易于扩大规模，并受益于庞大的软件服务生态系统，还能保证敏捷性、创新性和运行效果。特别是在处理大量波动的、类型繁多的数据和机器学习算法时，公共云基础设施与内部基础设施相比，具有重大优势。

在数据平台和数据产品开发方面，至少有三家公共云服务提供商值得一提：亚马逊网络服务（Amazon Web Services，AWS）[1]、谷歌云平台（Google Cloud Platform，GCP）[2]和微软云（Microsoft Azure）[3]。这三家公共云服务提供商在基础设施和数据平台产品的质量和规模上不相上下。关于构建数据平台本身，谷歌云平台提供 Cloud Bigtable 服务，微软云提供 Synapse Analytics 服务；两者在基础设施方面都具有高度的可扩展性，并在一定程度上实现了自我管理。亚马逊网络服务是目前使用频率最高的云服务商，提供数据仓库服务 AWS Redshift。Snowflake 是自我管理的虚拟数据仓库。由于三家公共云服务提供商开发新的云服务都极为迅速，因此需要关注供给产品的最新消息，以应对快速变化的形势。

在处理特别敏感的数据时，一些公司更倾向于采用组合式解决方案，在内部环境中存储最敏感的数据。当客户数据被迁移到云端时，服务器位置应选择数据来源地（如欧盟客户的服务器可以位于都柏林或法兰克福）。对于美国以外的客户数据，客户通常需要签署第三国条款，才能将数据上传到公共云中。即使选择的云位置处于欧盟区域，美国的公共云服务提供商也有权让其美国员工在特殊情况下提供第三级的支持案例。客户可以用自己的私钥对每份数据存储进行加密，而私钥不是由公共云服务提供商生成的，也不会为公共云服务提供商所见，这就进一步提升了安全级别，可以防止公共云服务提供商的员工获取数据。

内部数据基础设施和公共云数据基础设施的区别

● **内部数据基础设施**：内部解决方案意味着公司拥有自己的信息技术基础设施（包括服务器），公司的软件能够在其上运行。对于软件，只能通过内网访问，而不是通过互联网。内部数据基础设施也可以是虚拟私有云，即存在中间件软件，将硬件堆栈虚拟化和抽象化，减少了基础设施管理工作。因此，与传统的内部数据基础设施相比，虚拟私有云更容易使用和维护；但是，它不像公共云解决方案那样具有可扩展性，也无法从现有公共云生态系统中受益。建立和维护自己的信息技术基础设施需要大量的投资和人才资源，而这些资源原本可以更好地用在他处。

● **公共云数据基础设施**：公共云解决方案提供不同层次的服务（基础设施、平台和软件），可按需从云服务提供商处租用大量计算能力和存储空间。云服务提供商通常为构建灵活且易于扩展的数据仓库提供服务，为结构化和非结构化数据提供许多数据库选项，为迁移、移动和整合数据以及管理数据目录提供支持，并为机器学习和语言、语音识别等认知服务提供工具。通常，可以通过互联网使用这些服务。访问管理系统和强大的加

密、监控和安全措施可以避免未经授权的访问。公共云数据基础设施的最大优势在于，它取代了以代码脚本和管道为基础设施所做的重复性任务，使工作流程高度自动化。

制定架构和开发标准

与其他软件产品相比，由于数据产品通常需要更多最新数据，创建、运行和再训练机器学习模型也比软件工程更为复杂，数据产品的技术复杂度自然也极高。因此，最重要的是尽可能降低数据产品开发和操作的复杂性。这可以通过编程环境、语言和软件包的标准化，通过建立标准化的数据转换和特征存储，以及通过商业智能和机器学习工具的标准化来实现。

制定架构和开发标准的步骤

1. 引入 MLOps，将机器学习带入生产环境。

2. 将 DevOps 和 MLOps 环境标准化。

3. 向微服务架构演进。

4. 将编程语言和程序包标准化。

5. 考虑使用商业智能和机器学习工具。

引入 MLOps，将机器学习带入生产环境

为什么只有很少的数据产品最终投入生产环境？一个主要原因就在于部署困难。在实际操作中，往往是数据科学家将模型写在 Jupyter 笔记本

中，取得了良好的效果，然后将文件发给数据工程师。数据科学家所期望的是，数据工程师只需将模型连接到数据管道上，模型就能使用真实的客户数据。不幸的是，这种一厢情愿的想法极少实现，甚至从未成功过。

如想克服这一困难，有三种解决方案：组织导向（跨职能团队）、流程导向（MLOps）和技术导向（使用软件产品）。三种方案应该共同发力，以达到最佳效果。跨职能团队的概念在第 5 章有所描述，指的是由具有互补技能的成员组成的团队，他们可以在数据产品方面密切合作。

MLOps 是 DevOps 的子集，也是 DevOps 原理在机器学习中的应用（见第 4 章）。DevOps 的要点是建立原则，使软件开发和运维紧密联系起来。机器学习也应该遵守同样的原则。机器学习和软件开发的区别在于，机器学习的标准化程度更低，动态性更强，很多过程是同时进行的，并且相互独立，但最后需要连接起来，才能使机器学习模型发挥作用。例如，对于典型的预测算法运行，几条管道可能同时运行，比如，在应用程序中为用户显示模型结果可能需要数据管道、特征管道或超参数搜索管道、模型再训练管道、预测管道以及可能的软件开发管道。

所有这些管道都有生命周期，需要不断更新。数据可能会发生变化，因此需要对模型进行完善和调整。随着新数据的产生，对特征的搜索（超参数搜索）不断拓展，可能导致新特征的产生，进而改变模型。为了即时更新模型细化，避免模型漂移，模型本身需要不断更新。在机器学习中，模型往往会随着时间的推移而失去准确性，需要持续更新来避免这种情况。软件包的版本可能会发生变化，也需要进行更新。

显然，所有这些管道都需要相互配合，可使用 Kubeflow 这样的工具。这些工具作为协调器，包含一些机器学习工具和服务，可以进行微调，以便顺利地协同工作。

将 DevOps 环境标准化

当设置不同的编程环境时，数据工程师应与团队就每个环境的目的及其适合的工作模式达成一致。常用的方法是将开发、测试、仿真和生产环境进行部署。在开发环境中，数据产品的最原始版本在各自开发人员的本地环境中成功测试后，立即得到部署。测试环境作为质量控制环境，完整测试新部署的代码，保障数据管道和机器学习模型的成功运行，同时也进行手动用户测试和安全测试。仿真环境应该尽可能地反映生产环境，成为镜像环境。不过，有一个方面将难以生成镜像环境，那就是与真实客户的互动，以及在某些情况下的数据量。这种差异带来的潜在摩擦，可以通过彻底的部署策略和 DevOps 方法来缓解。

要将 DevOps 锚定在数据架构建设的中心，就需要建立强大的配置管理，以确保在每个环境中，从开发到测试，从仿真到生产，都具有相同的资源配置。配置管理需要以下几个要素：配置管理数据库、源代码存储库、工件存储库以及数据与 ML 包存储库。配置管理数据库包含了基础设施、应用程序和服务的所有信息，以及它们之间的关系。源代码存储库和工件存储库都存储、管理大量极其多样化的文件，并为它们提供版本控制。这些文件包含着关键信息，以在数据产品的整个生命周期中保持它的完整性。源代码存储库存储了一切人工可读的东西，如配置文件、源代码，以及测试、构建和部署的脚本。版本控制的主要优势是，在出现问题时能够恢复到代码的早期版本。源代码存储库通常包含一些有用的额外功能，用于文档记录和协作。广受喜爱的源代码存储库包括 GitHub、GitLab 和 SourceForge。工件存储库存储了可机读文件，如二进制文件、库和用于测试的数据。工件是软件开发过程中的二次产品，包含元数据，如依赖关系或资源。

常见例子有 JFrog Artifactory、Maven Artifact Repository 和 Sonatype Nexus。数据和 ML 包提供框架，让数据科学家和数据工程师更易于转换数据并建立机器学习模型，这一点将在"将编程语言和程序包标准化"一节中详细介绍。

CI/CD 管道的标准化

DevOps 的重要基石是持续集成和持续交付。实行持续集成和持续交付意味着频繁地将代码变化从开发分支合并到开发环境的主分支，并最终进入生产环境。这可以通过设置部署管道来实现。部署管道可以使开发人员在代码被提交到相应环境之前对它们进行自动化测试。如果测试失败，代码将不会被提交，必须进行完善。在部署流水线时，不同的软件部署步骤被分割成不同的任务。如果部署失败，开发人员可以通过检查是哪些任务失败了，迅速确定失败原因。部署管道应该包含各种测试，如单元测试和集成测试。建立部署管道的工具有 GitLab CI、Jenkins、Travis CI 和 Bamboo。

向微服务架构演进

DevOps 要遵循模块化原则，即把大量工作（针对代码、函数、模块、程序包、产品）划分为可管理的部分。即使其中一个部分或组件出现故障，也不会影响到其他组件。这些模块化结构中最重要的是微服务和容器。微服务将数据产品细分为独立的服务，这些服务可以被独立开发、测试和部署。因此，微服务架构有利于持续集成和持续交付，因为将工作任务分割成更小的部分，可以在不同的团队之间进行分配。例如，一项微服务包括收集用户会话日志，而另一项微服务则实时分析这些信息（例如，用户已经点击了产品 A，再购买产品 B 的可能性有多大），第三项微服务根据这些分析向用户推送产品介绍。微服务允许将服务细分为功能上可分离的元素，而容器本质上允许将应用细分为独立软件。最著名的容器提供商是 Docker。现在，Docker 容器是基于容器镜像构建的。容器镜像包含了应用程序运行所需的一切，包括其代码、库、配置文件和依赖性。容器镜像一旦创建，就不可更改，所以你需要容器镜像存储库来存储数据产品生命周期中不断更新的所有容器镜像。为了进行容器管理、资源配置和交互，需要容器编排工具，如 Kubernetes、Docker Swarm 和 Amazon ECS。此外，数据平台内的数据转换也可以从微架构开发立场中获得启发，通过诸如 DBT 和 Data Forms 等工具，将基于可重用 SQL 代码片段的数据转换组件化。

通过无服务器架构（serverless）和 MLOps 实现微服务架构组件的自动化

Docker 和 Kubernetes 解决方案需要数据工程师和 MLOps 工程师对其运行的基础设施进行编排工作。公共云服务提供商提供强大的服务，使数据工程师和 MLOps 工程师能够部署软件代码和机器学习模型，而无须担心底层基础设施，因为它将根据当前的工作负载自动扩展或缩小。具有通用功能的无服务器架构最引人注目的例子有亚马逊网络服务的 Lambda、微软云的 Functions 和谷歌云平台的 Cloud Functions。此外，亚马逊网络服务 SageMaker、微软云 Machine Learning Studio 和谷歌云平台 Datalab 等公共云中的 MLOps 服务，都使机器学习模型的部署及在其生命周期内的运维更加便捷。

将编程语言和程序包标准化

跨团队共用一种编程语言具有显著优势。团队成员更容易审查、复用、测试和调整编程代码，可以在需要时更好地相互替换和支持。因此，笔者强烈建议在数据组织中使用同一种编程语言，如确实出于完成某项任务所需，或在迫不得已的少数特殊情况下，才使用其他的编程语言。有许多编程语言可用于机器学习和构建数据产品，如 Python、R、C++、Java、JavaScript、C# 和 Scala。近年来，Python 作为机器学习和数据科学领域的领先编程语言，显然已经成为首选[4]。Python 是简单而一致的通用编程语言，拥有最广泛、最新的库和体系，可以在任何平台上使用，是目前机器学习和数据科学中使用最多的编程语言，拥有最广大的用户群体。我们还应为机器学习和数据产品开发的编程包和框架制定标准，以简化对代码的审查、测试和维护。例如，对于设计神经网络，应该在整个数据组织中选择特定的标准程序包。使用程序包管理器也是很好的办法，因为它有助于下载并管理库。常见的程序包管理器包括 NPM（Node.js 和 JavaScript）、Anaconda（Python）和 Maven（Java）。

常见的 Python 程序包和体系

● 数据分析和可视化：NumPy、SciPy、Pandas、Seaborn

● 机器学习：TensorFlow、Keras、Scikit-learn、PyTorch、Spark MLlib、Theano

● 计算机视觉：OpenCV、Scikit-image、Pillow、Dlib

● 自然语言处理：NLTK、spaCy、TextBlob、CoreNLP

● 用户界面开发：React、Angular、Vue、Elm

● API 和微服务：Flask、Django、Falcon、Jam.py、FastAPI

实现机器学习标准化的一种方法是在整个数据组织中创建联合特征存储。每当机器学习模型投入生产时，模型所使用的所有特征变量都会在特征存储中发布，这样就可以被其他数据科学家复用，为他们节省大量的数据准备时间。最后，如果在数据平台的不同阶段，设立一套通用工具和开发标准，将有利于机器学习模型的部署，并减少将机器学习模型移入不同阶段所需的人工工作量。

考虑使用商业智能工具与机器学习工具

考虑到不同类型的数据用户和数据使用情况，需要确定商业智能与机器学习的技术与工具标准。对于每种类型，通常应选择一种工具，以避免在架构上为用户带来不必要的复杂性。商业智能工具过去专注于由信息技术部门根据业务部门的需求预先确定的报告与仪表盘。而今，这类工具越来越多地为新一代的商业智能工具所取代，使业务用户能够以自助服务的方式实现商业智能洞察与可视化。另一类工具帮助业务用户进行敏捷的数据集成与转换，用户甚至不需要任何编程技能，仅靠在用户界面进行拖放操作，就可以建立和运行机器学习模型。然而，创建机器学习模型需要充分了解机器学习模型能做什么、如何工作、有何局限性。如果员工创建了机器学习模型，做了准备甚至做出重要的业务决策，却没有充分理解机器学习模型方法论，就会带来风险。还有一类是为具有编程技能的数据科学家提供的强大机器学习工具，这些工具易于创建和扩展机器学习模型，并将其投入生产环境。一些工具提供商甚至开始将数据科学家的任务自动化，这类工具和体系被称为 AutoML，可以帮助数据科学家加快开发速度。

> **商业智能工具与机器学习工具的类别与示例：**
>
> - 商业智能报告与仪表盘：IBM Cognos、SAS Web、Report Studio、MicroStrategy、SAP BW、Oracle BI
> - 自助式商业智能和可视化工具：Tableau、Microsoft Power BI、Qlik Sense、Looker
> - 机器学习工具（可拖放）：KNIME、Rapidminer、Dataiku、IBM SPSS、SAS Viya
> - 机器学习工具（可编程）：AWS Sagemaker、Microsoft Azure、Machine Learning Studio、Google Cloud Datalab、H2O、Apache Mahout、Colab
> - 自动机器学习（AutoML）：H2O Driverless AI、DataRobot、Google Cloud AutoML

无论使用何种工具，你都应该记住，目前开发机器学习的标准应用是Python，因此大多数程序包都是为这种语言设计且支持这种语言的。对于商业智能来说，目前还没有明确的标准；但是，自助式商业智能工具和可视化工具是明显的趋势，它们使企业用户能够进行自己的数据分析。

实施数据与 AI 治理

数据产品带来的大发展和市场机会，深深地改变了消费者的生活，谷歌、阿里巴巴和腾讯等强大的数据经济参与者就证明了这一点。因此，数据产品要承担的责任越来越大，对数据产品加以控制的呼声也越来越高。越来越多的监管者和客户要求了解他们的数据会发生什么，以及算法是如何得出结果的，这给企业带来了挑战。同时，这也创造了巨大机遇，因为公司可以通过将控制和保护机制融入其价值观来赢得消费者的信任，从而脱颖而出。这将意味着，无论数据产品是在公司内部使用，还是作为消费产品或服务使用，都要实施全面的数据与 AI 治理。

要将数据产品置于公司的中心工作中，必须以数据与 AI 治理为基础。原因主要有两个：一是顺应外部要求，二是在 AI 相关决策中树立威信。数据与 AI 治理就是将数据和机器学习模型作为资源或资产来管理。为了说服内部利益相关者应用 AI 系统，并取信于向公司提供数据的客户，良好的数据与 AI 治理也必不可少。数据与 AI 治理的目标是：让数据与 AI 对于企业所有员工和系统来说更加可用、可访问、可理解、可解释、可控和可信。因此，数据管理者的主要任务是在考虑所有相关法律和监管规则的前提下，以最有效、安全、合规的方式实施数据与 AI 治理。需要管理的事项包括：为数据平台获取合适的数据，通过安全、合规的访问和路径来记录数据平台上的数据，制定数据与 AI 治理的规则，进行数据质量管理，以及保护数据，确保其安全和合规。数据治理是相对成熟的领域，具有许多成熟的产品和解决方案；而 AI 治理则刚刚兴起，不像数据治理那样有标准化方法和原则可以依循。

下文将首先概述实施数据治理所需的步骤，再讨论 AI 治理的关键标准和首要措施。

实施数据治理的步骤如下，后文将详细解释：

- 获取数据；
- 提供数据访问；
- 引入数据目录；
- 管理数据质量；
- 确保数据安全和实施数据保护。

获取数据

业务相关性强的数据源应定期向数据平台加载数据。一项重要的任务是确定哪些数据源实际上业务相关性强，并确定与数据平台连接的优先顺序。应定期识别数据平台中影响较大的数据差距，并采取措施来缩小差距。许多情况下，会存在尚未收集的重要数据，需要创建，比如通过在现有应用程序的用户前端捕获新字段。某些情况下，需要获得许可或同意才能进一步使用数据。支持数据采集的工具已在上一小节介绍完毕。

提供数据访问

如上文所强调的，许多企业的目标是在整个企业内实现数据使用的民主化，向所有员工提供数据并供其使用，同时遵守相关法律和监管框架。因此，应实施数据平台的数据访问流程，让员工和应用系统能够实现快速、合规的访问。最重要的一步是确定某一员工是否可以访问某一数据集。默认情况下，员工应该获得对平台数据的访问权，除非出于重要原因（例如，其中包含个人数据或高度机密数据）而不能提供数据。一些敏感数据字段可以被删除、屏蔽或匿名化，以便在整个组织内提供数据集。必须建立角色管理系统，以确定谁可以访问哪些数据集和数据字段。数据不应离开指定环境。应对每一次数据访问进行系统监测和记录，以确保能够发现违规和欺诈行为。例如，如果有人突然下载了异常大量的数据或该角色不常用的数据集，企业应调查这些数据被用来干什么了。

数据访问和供应管理的支持工具示例

● 访问管理工具提供用户自助式身份和密码管理、API 认证和单点登录功能，包括社交账户登录（如使用谷歌、脸书账户登录）。工具提供商有 Okta、Microsoft Azure、Ping Identity、Oracle、Amazon Web Services、IBM 等。

● 数据治理和数据目录工具供应商，如 Collibra、Informatica、Alation 等，可以支持实现更有效的数据访问和供应。例如，Collibra 为员工提供的功能是在浏览数据目录时模拟数据购物体验，并从购物车中提取出数据条目。

● 自助式商业智能工具，如 Looker、Tableau、Qlik Sense、Microsoft Power BI，以及更多传统的商业智能平台，如 SAP BW、IBM Cognos、SAS，允许员工将数据可视化，并以电子表格或 CSV 文件的形式下载。

引入数据目录

当数据科学家被赋予创建机器学习模型的任务时，经常遇到的挑战包括：寻找合适的数据集，解读数据集内的实际内容，以及解释数据字段。在实践中，这往往意味着要跑遍各个部门，向特定领域的业务专家和数据专家询问数据和业务定义。因此，如果该数据集描述性较差，对于没有使用过该数据集的人来说，是非常难以使用的，将会导致对时间和资源不必要的浪费。好消息是，有一个可持续的方案能够解决这一问题：数据目录可以采集关于数据的数据（也叫元数据）。在数据目录中，所有数据平台的数据集都会被描述，包括表格和数据字段包含哪些内容，数据字段需要遵循的格式，表格与其他表格之间的关系，以及数据最后一次修改或更新的时间。并非所有元数据都需要手动创建。当数据被加载到数据平台时,平台通过对数据的记录和剖析,可以自动捕获大量元数据。这种系统生成的数据,可以帮助我们了解数据来源,以及数据包含哪些字段和值。

元数据管理和数据治理的支持工具示例

数据治理和数据目录工具供应商,如 Collibra、Informatica、OvalEdge、Alation、IBM、ASG、Alex Solutions、Infogix、Smartlogic,为元数据管理提供了强有力的支持,对数据治理也有一定作用。各工具之间的功能差别很大,例如:

- 管理元数据,并根据 ETL/ELT 工具创建的日志和其他数据自动生成元数据;
- 了解数据如何通过数据线在组织中流动;
- 将业务描述和分类法作为注释,添加到业务词汇表的数据中;
- 以各种方法管理数据角色、责任和工作流程。

管理数据质量

数据源提供给数据平台的数据并不总是高质量的。如果将质量较低的数据用于分析或机器学习,就会产生问题。数据质量通常被定义为对预期用途的适用性。数据质量包括许多维度,如完整性、准确性、及时性、可信度和可访问性。这些维度中的大多数都可以用数据质量指标来衡量(尽管通常不是很精确)。例如,数据完整性可以通过分析数据集和计算空字段或空值字段的数量来衡量。通常可以运用业务规则来发现数据异常和缺陷,并评估数据的准确性。例如,对于包含相应客户年龄的记录来说，年龄应该在 18 岁到 100 岁之间（考虑到客户需要年满 18 周岁，且一般不会超过 100 岁）。数据质量管理的范围应该集中在对企业有较高价值的数据集和数据字段。可以利用工具对数据集进行剖析，确立衡量数据质量的指标和规则，为数据管理者与使用者创建监控仪表盘并发送警告消息，从而管理和监控数据平台上数据的质量。此外，当发现数据质量问题时，数据管理者还有责任找出提高数据质量的方法，例如从源头上纠正数据错误或改变数据采集方式。有些数据质量问题可以在数据采集后去解决，而有些问题则需要重新采集数据。一些工具提供商已经开始着手解决机器学习模型输出数据质量的管理问题，这将成为数据学科的重要新领域。

支持数据质量管理的工具

许多供应商提供数据质量管理专用工具，如 SAP、Informatica、IBM、Talend、Oracle、SAS、Experian、Information Builders、Ataccama、Sodadata、Syncsort。这些工具包括不同的数据质量管理功能，例如：

- 剖析数据，定义并评估数据质量指标；
- 连接、合并不同的数据集；
- 验证地址数据；
- 清洗数据；
- 丰富数据；
- 监测数据质量；
- 使数据标准化。

一些数据治理和数据目录工具提供商，如 Collibra、Informatica、IBM 等，为数据管理者和数据用户提供了显示数据质量监测信息、管理数据质量，以及评估、报告和改进工作流程的功能。

数据安全和数据保护

数据治理的重要方面是确保在数据平台上以安全合规的方式管理数据。数据安全是信息技术安全的子集，主要研究如何确保敏感和机密信息不遭受意外泄漏或黑客攻击，避免与公众或不应接触数据的人员共享该类信息。因此，应在数据平台上以用户友好的方式确定和实施数据保护、安全和合规相关的流程。每个数据集，甚至是数据集中的每个数据字段，都需要根据敏感性和保密性进行分类。数据敏感性的重点是个人信息：

● 数据字段是否包含个人信息，如年龄、邮政编码、电子邮件账号、电话号码、GPS 信号、个人偏好等。这些信息都在国家和国际数据保护相关的法律法规的保护范围之内。

● 该数据字段是否包含特别敏感且需要更强保护的数据，例如关于健康、宗教和个人财产的数据？

个人信息不仅关乎客户，还事关任何将数据存储在平台中的自然人（包括员工和供应商）的权利。如果数据中包含个人信息，则需要记录该数据字段允许范围内的使用目的，以及该数据目前的使用目的，包括使用该数据字段的系统，以及可访问该数据的员工的姓名和所属部门。根据诸多法律、制度（尤其是欧盟《通用数据保护条例》，另见本书第216-217页），客户（实际上是任何自然人）都有"被遗忘的权利"，也就是说每个人都有权要求删除关于自己的数据，有权知道和他们相关的数据是如何被使用的，由哪些系统使用，以及使用目的是什么。

数据保密性反映了另一关键方面，即数据字段是否包含可以使公司保持竞争优势的机密信息，这类信息也需要保护。例如，调制饮料的秘方或制造复杂机器的方案。当数据属于敏感和／或机密类别时，应增强数据访问的限制和监控。应定期审查和重新认证角色及其访问权限，以防止曾经有数据访问权限的人员访问敏感和／或机密数据（例如，当员工换岗、换部门或离开公司，或供应商、自由职业者离职时）。当敏感和／或机密数据在平台上存储和被处理时，数据平台需要遵守更严格的技术安全标准，保障渗透测试和系统升级，严格进行身份和访问权限管理。数据安全和合规性管理的关键部分是对员工进行培训，让他们履行规定，遵守行为规范，让他们对潜在的攻击和欺诈行为更加敏感，并让他们了解在使用敏感或合规性的数据字段时需要考虑的事项。

支持数据安全和数据保护的管理工具

● 可支持数据安全、数据保护和数据合规性的软件工具有：Logic-Gate、AuditBoard、ZenGRC、Ostendio、Netwrix Auditor、Truce、CyberGRX、Nintex Promapp 等。

● 支持符合立法机构和监管机构要求的数据保护措施的轻量级和重量级工具有：OneTrust、ZenGRC、Sif tery GDPR Checker、Algolia GDPR 搜索工具等。一些数据治理工具（如 Collibra、Informatica）也提供相关功能，可支持欧盟《通用数据保护条例》和其他数据保护体系。

- 供应商的访问管理工具有：Okta、Microfot Azure、Ping Identity、Oracle、Amazon Web Services、IBM 等。该类工具提供了许多强制执行安全访问策略的方法（如进行双因素认证、提高密码复杂度和频繁更换密码）。

- 通过对数据存储和数据管道进行加密等方法，可确保数据基础设施的安全（如 AWS S3 存储可以完全加密）。

实施 AI 治理，确立 AI 决策信任

数据驱动的决策是企业营建数据与 AI 驱动的文化的核心原则（详细阐述见第 7 章）。这意味着在实践中，从战略框架的创建到 KPI 调整，再到员工招聘，每个商业决策都应基于数据；如果可行，还应基于 AI。然而，理解数据与 AI 的重要性是一回事，将大部分商业决策建立在其基础上又是另一回事。如果你是利益相关者，扪心自问，你会如何相信你的代理人（如政府、医院、银行或持股公司）会做出与你的自身安全、健康或金钱有关的正确选择？最终，你不得不相信你的代理人在必要的方面做出了正确决定，也解释了这些决定，并会据此采取行动。你的信任还可能是建立在决策程序原则得到遵守的假设之上，包括：

- 质量：高质量决策。

- 透明度：决策可解释。

- 控制：决策过程可监控。

质量和透明度都需要控制机制来保障。控制机制可确保决策过程自始至终都以正确的方式进行。首先要确保决策基础的正确性（数据和专

业知识方面），根据相关性确定决策的优先级，制定保证公正和利益平衡的规定。然后要对整个决策过程进行监控（包括执行阶段）和跟踪，并在出现问题时做出反应。无论是人工、机器，还是两者协作做出的决策，都须符合企业价值观。相应地，数据与 AI 治理是指，对于整个数据产品价值链，从数据获取到数据处理、特征选择、机器学习模型创建，再到训练和模型部署，都要有控制机制，确保数据、标签、特征和模型能够反映现实，不含偏见，不跨越道德边界。

AI 治理的主要标准如下：

- 安全性；
- 隐私性；
- 公平性；
- 可解释性；
- 模型质量；
- 问责机制；
- 合规性。

越是关键的决策，影响越大，越需要以机制来保障决策的正确性。这就回到了为什么数据产品从研究实验室进入生产环境本身就很困难的问题上——因为，当数据产品投入实际应用时，客户会关心自己的数据（安全性和隐私性），例如，会询问为什么企业的信用评分很低（公平性和可解释性）。企业所有者和利益相关者会询问模型性能如何（模型质量），如果出现问题由谁来负责（问责机制），而监管者则会为所有方面（安全性、隐私性、公平性、可解释性、质量和问责机制）准备相应的法律法规。

还应指出，如何确定模型质量，根据使用情况而有所不同。模型高质量可能涉及高准确性，但也可能涉及高公平性。许多情况下，在准确性和公平性之间也须权衡利弊，由企业所有者来决定 ML 模型需要优先考虑两者中的哪一个。寻找正确的指标来确定模型质量，本身就是一项重要的工作，需要协调业务标准、合规性和技术专家。准确度是明显的全能指标，它能够告诉你，你的预测有多少是正确的，然而，并不能告诉你有多少错误案例。模型可能会犯两种错误：一种错误是把阴性（假阳性）归类为阳性；第二种错误是把阳性（假阴性）归类为阴性。对于欺诈检测用例，你可能会致力于尽量减少对欺诈案例的漏检，即假阴性，因为这种错误对你的公司来说将比犯其他错误付出的代价更高。对于客户流失预测用例，你的目标指标可能会反过来，也就是说你会努力降低假阳性的数量。比如你需要防止目标客户取消订阅，即使他们并没有真的想要取消，也可能比"忘记"联系想要取消订阅的客户的成本更高。总而言之，你需要在不同指标之间权衡利弊。为模型质量选择正确的指标，就是要确定哪种错误对你的公司来说付出的代价更高，因此应该尽量减少这种错误。

亚马逊招聘系统的 AI "偏见"造成的名誉损害

亚马逊 AI 招聘系统对女性求职者存在"偏见"。"女性"和"女子棋社队长"这样的字眼，降低了应聘者的成功概率。这在媒体上损害了亚马逊的声誉。据报道，该公司已经停止使用这些算法[5]。

各大科技公司已经开始采取行动，以应对数据与 AI 治理方面来自立法者和社会的压力。苹果公司在 2019 年全球开发者大会上把数据隐私放在了核心地位，宣布了一系列与数据隐私相关的新服务，比如苹果授权登录[6]。2020 年，谷歌发布了它关于"负责任的 AI"的建议，

国际商业机器公司创建了关于 AI 公平性的开源项目[7]。为防止机器学习模型中的"偏见"并提高决策的公平性，可以在组建数据产品小队时考虑性别、年龄、教育背景和其他方面的多样性，以抵消数据和模型的"偏见"。还可以聘请数据伦理专家，时刻关注数据产品的伦理问题，甚至还可以设立数据与 AI 伦理委员会[8]，建立人机回圈的决策过程。然而，这些努力仍处于早期阶段，显然还需要进一步的技术解决方案。

案例研究

在制造公司搭建数据平台和框架

本案例研究涉及一家钢铁制造公司，该公司生产的产品包括高端穿孔管、金属型材和复杂的金属部件，用于汽车和工具工程等多个行业。多年来，一个小型商业智能团队，作为信息技术部门的一部分，一直负责在传统的数据仓库和商业智能内部工具环境中创建报表和仪表盘。经过几次公司收购和合并，该公司目前在几个未关联的生产基地运行着多个数据和商业智能平台，加之大量重要数据源也没有整合到数据平台上，这就形成了难以克服的数据孤岛，导致数据质量问题层出不穷。

公司领导层很难充分了解每个生产基地的现状、产能、采购时间、运维问题、产品问题和交货时间。在每个生产基地，很多流程都需要人工管理，无法及时应对突发事件，需要对需求和能力有更好的预测，更快地发现潜在的操作问题和产品问题。

为了应对这些挑战，公司成立了一个八人数据团队——三名数据工程师、两名数据分析师、一名数据经理和两名数据科学家。在评估完情况后，新任数据工程师开始在公共云中搭建数据平台，通过大量适配器将引入的工具连接到现有的不同数据平台和数据源，并管理数据的提取。他们识别出还没有加载到任何一个现有数据平台的最相关数据源，并将这些数据源连接到新的云端数据平台，采用灵活可扩展的云端数据存储系统进行存储。一旦数据加载到云端数据平台后，他们采用 SQL 和 Python 脚本对数据进行转换。其中一名数据团队成员担任数据经理的角色，在业务和信息技术部门的学科专家的支持下，将所有加载的数据按照优先级顺序记录在通用的数据目录中。在将数据加载到新的数据平台后，对于最重要、最常用的数据集，他们确立了数据质量规则。

来自不同生产工厂和业务部门的数据被整合起来。公司制定了共同的业务 KPI 和指标来引导业务，并由团队中的数据分析师通过新引入的自助式商业智能和可视化工具提供支持。数据科学家的任务是提高产能问题、交付问题、质量问题以及供应链问题的可视性和可预测性。他们与数据工程师、数据经理一起，确定可用的相关数据集，将其转化为机器学习模型特征，并用于机器学习模型。每个模型都解决其中一个问题，使用无服务器函数部署，运行 Python 代码，其中包括使用过的机器学习程序包。模型结果被存储在云数据平台中，并用自助式商业智能和可视化工具向公司的所有决策者进行展示，使决策者们对供应商的情况、生产工厂的能力、产品的质量都有了更好的认识。预警信息使生产工厂能够对业务中出现的问题和变化做出快速反应。

有关技术与治理的经验教训

当所有可用的数据集都被放入一个数据湖时，数据架构并没有完成

本章已经表明，构建具有明确数据架构标准的数据平台是一项多方面的工作，须从多方面来着手。然而，一些企业只关注建立浩瀚的数据湖，并将企业范围内能找到的所有数据放入其中。如果其中的数据没有得到妥善治理和记录，数据的质量也没有得到妥善管理，数据湖里很快就会产生大量潜在的异常数据集，而无法被大多数人使用、理解或信任。此外，数据平台的策略还应该包括如何构建数据管道，数据用户如何访问数据和发表见解，以及如何训练和部署机器学习模型。应将频繁使用的数据集成和转换步骤标准化，并作为精简的结构化数据，供数据用户和算法使用。访问流程、安全性流程以及监控可以确保数据平台的合规性和安全性。最后，制定编程环境的标准必须遵循 DevOps 和 MLOps 原则，从而避免不必要的额外工作，避免错误和缺陷。

最好将数据平台搭建在公共云基础设施上（如可以）

许多情况下，我们可以或者需要在内部数据基础设施上建立数据平台，例如，企业内部可能已经存在满足大部分产品要求的、功能完善的数据平台。相关法律法规甚至可能禁止在公共云环境中存储数据，或者你的公司可能不想在公共云中存储包含机密信息的数据。除此之外的多数情况下，可使用主要公共云服务提供商的平台作为数据基础设施。公共云符合较高的安全性和可用性标准，具有极高的灵活性和自动化水

平，拥有现收现付机制。由于它能够提供海量的存储和瞬时强大的计算能力，它可在全球范围内扩展你的应用程序。最重要的是，它可以完成复杂的机器学习模型训练和执行，而不必担心超出内部基础设施的容量限制，或拖慢其他生产性应用的运行速度。

尝试依靠主流技术、编程语言和程序包

数据与 AI 领域正在高速发展。每天都有新的技术、编程语言和程序包发布，它们能以更低的成本，更快、更好地解决问题。永远不要低估数据科学家、数据工程师和软件开发人员对新鲜事物的喜爱程度。他们通常宁愿选择新事物，也不愿坚持使用已有的技术、编程语言或程序包。另外，数据科学家、数据工程师和软件开发人员在选择某些技术、编程语言或程序包时，也带有个人偏好，但从整个数据组织的角度来看，他们的决定往往不是最优的。建议在数据平台中坚持使用比较主流的技术、编程语言和程序包，它们都是在数据社区中被高度采纳的，甚至被当作事实上的标准（如 Python 被视为数据科学和机器学习的编程语言）。优势在于，这类技术、编程语言和程序包通常更强大，测试效果更好。它们由于具备更好的培训材料，文档记录更为详尽，而且人们可以求助网上论坛来解决问题。此外，因为主流的技术、编程语言和程序包为庞大的数据科学家、数据工程师和开发者群体所使用，所以不太可能被停用。

记录所有与数据产品架构相关的内容

在建立数据产品的架构时，所有的决策似乎都是明确而自然的。然而，一旦数据产品进入开发阶段，随着时间的推移，你可能会质疑为什么当初会做出这个决策，为什么选择了这个技术。因此，你必须把所有

事项都记录下来，包括同公司的利益相关者讨论数据平台架构的启动研讨会的结果，数据工程师的数据库模式草案，还有同机器学习工程师就部署流程的配置进行的头脑风暴会议，等等。这也有助于你整理思路，方便讨论，并确保每个团队成员可以随时查阅所有内容，持续跟踪。你可以采用内部 wiki 页面、源代码存储库或任何其他文档记录工具进行记录。

技术与治理清单

以下清单可作为技术与治理三个阶段的模板，以确定是否有任何重要方面被遗漏。

清单

数据平台

● 灵活和适应性强的物理数据基础设施；

● 结构化数据的数据存储；

● 非结构化数据的数据存储；

● 由工具和数据平台支持的提取、加载和转换数据的标准方法。

架构和开发标准

● MLOps 的实施；

● 各阶段的标准环境；

● 容器和无服务器标准集；

● 标准化的编程语言；

● 微架构标准集；

● 标准化的数据管道；

● 为每个问题选定的标准程序包；

● 商业智能和机器学习的工具标准。

数据与 AI 治理

● 从数据采集到数据平台管理；

● 常见且简单的数据访问方式；

● 自动化的数据质量监控；

● 联合数据目录和元数据存储库；

● 数据治理工作流程管理；

● 数据平台的数据安全监测；

● 数据平台的合规性；

● AI 治理的建立；

● 对 AI 决策的信任。

小　　结

本章就数据与 AI 驱动数字化转型的技术和治理进行了深入探讨。首先，需要建立数据基础设施和中央数据存储库，以便从不同的数据源中获取数据，将其转换为通用的数据格式，以安全和合规的方式存储起来，并提供给数据客户。其次，为数据平台上运行的数据产品确定架构和开发标准，包括机器学习、商业智能和软件开发在数据平台上实施和运维的方式。最后，需要构建和实施数据与 AI 治理。能力建设必须与文化变革和转型相辅相成，这一点将在最后一章进行阐述。

尾　注

［1］ Amazon Web Services, Data and analytics, 2020. https://aws.amazon.com/de/solutionspace/big-data/ (archived at https://perma.cc/LG3F-NYZZ)

［2］ Google Cloud, Google Cloud Databases, 2020. https://cloud.google.com/products/databases (archived at https://perma.cc/CYR3-QS4T)

［3］ Microsoft Azure, Innovate faster with Azure data service, 2020. https://azure.microsoft.com/en-us/overview/data-platform/ (archived at https://perma.cc/5RAA-Q3G6)

［4］ Beklemysheva, A, Why use Python for AI and machine learning? Steel Kiwi,2020. https://steelkiwi.com/blog/python-for-ai-and-machine-learning/ (archived at https://perma.cc/VE3D-9CP8); Voskoglou, C, What is the best programming language for machine learning? 2017. https://towardsdatascience.com/what-isthe-best-programming-language-for-machine-learning-a745c156d6b7 (archivedat https://perma.cc/BKD4-KVL9)

［5］ Dastin, J, Amazon scraps secret AI recruiting tool that showed bias against women, Reuters Technology News, 10 October 2018. www.reuters.com/article/us-amazon-com-jobs-automation-insight/amazon-scraps-secret-ai-recruitingtool-that-showed-bias-against-women-idUSKCN1MK08G (archived at https://perma.cc/56GG-GEH3)

［6］ Apple, Apple WWDC 2019 keynote in 13 minutes [video], 2019. www.youtube.com/watch?v=izSg1YUvpAA (archived at https://perma.cc/D67X-5MQU)

［7］ Google, Responsible AI practices, 2020. https://ai.google/responsibilities/responsible-ai-practices (archived at https://perma.cc/6SMW-PYAM); IBM, AI fairness 360 open source toolkit, 2020. https://aif360.mybluemix.net (archived at https://perma.cc/9WF8-PM7J)

［8］ Sandler, R and Basl, J, Building data and AI ethics committees, 2019. www.accenture.com/_acnmedia/pdf-107/accenture-ai-and-data-ethics-committeereport-11.pdf (archived at https://perma.cc/RV7D-T94G)

转型与文化

- 了解如何营造数据与 AI 驱动的文化
- 了解如何成功管理转型变革
- 了解如何管理战略的实施与愿景的实现
- 了解为什么不要试图成为下一个谷歌
- 了解为什么有远见的领导力意味着言出必行
- 了解为什么改变投资方式是文化变革的关键部分
- 了解为什么敏捷与纪律是相融的而非互相矛盾

转型与文化的主要原则

要想收获数据与 AI 的成果，企业就需要改变。然而，每次改变都会遭遇阻力，尤其是对那些认为自己会失败的人来说。许多员工担心自己的工作可能会受到威胁。盖洛普民意测验中心 2018 年的一项研究发现，73% 的美国成年人认为，"比起 AI 创造的新兴工作岗位，因它而消失的工作岗位会更多"[1]。许多专家都认同这一点。麦肯锡全球研究院预测，到2030年，由于AI的使用，美国将损失多达7300万个工作岗位[2]。也有人认为，未来大部分工作岗位仍将存在，只是会发生变化[3]。而高德纳咨询公司声称，AI将创造更多的工作岗位[4]。各企业需要接受与当前数字化浪潮相关的变化。为此，如前文所述，它们需要调整结构框架，包括价值主张、战略、组织架构和流程等。核心的一点是，企业价值观需要适应数据与AI时代。企业价值观需要反映两种看似对立的趋势：一是开放、创新、虚拟，并勇于尝试；二是遵从新的监管要求，并应用数据与AI的全面控制和治理机制。组织是由人塑造的，所以企业愿景的变革有赖于企业文化、高层管理方向和员工习惯的调整。反之亦然，员工在适应企业文化的过程中也会塑造自身经验。

在企业中创建数据与AI驱动的文化，可与组织转型同步进行。这包含两个要素：理解数据与AI的重要性，以及基于数据与AI做出公司决策。为了实现这种文化变革，你需要建立对数据与AI的信任，使其变得切实可行和有趣。通过数据与AI治理，以及质量和透明度有关的机制，就可以建立信任。

转型改变了我们所做的工作，还改变了我们工作的方式。因此，要进行上述调整并将数据与AI驱动的数字化转型变为现实，就应在转型变革管理上做出努力。通常是在公司遇到挑战并需要采取相应行动时，变革管理就应运而生。例如，与另一家公司的合并需要重新设计组织架构，声誉丑闻可能迫使公司改革文化和工作流程，而应对衰退则需要采取彻底的成本削减措施。数字化转型带来的风险甚至比前面的例子更高，因为人们期望数字化转型能同时解决所有这些类型的变革管理问题：改变价值主张、组织结构、流程、文化，使公司更具成本效益和复原力。这就更需要非常清晰的企业愿景和转型故事，来准确说明为什么必须尽早为公司未来的发展保驾护航。转型变革管理的软硬因素有很多，它们对于将企业愿景与转型故事变为现实是非常有必要的。

为了实现数据与 AI 驱动的数字化转型，我们提出了转型的三个阶段：先建立数据与 AI 组织，然后逐步壮大这一中心组织，继而改造企业的其他部分，最终改变未来人与机器的协作方式。转型需要不断地进行监控和调整，以确保进度（图 7.1）。

通过数据与 AI 进行数字化转型，是漫长的历程，其核心是员工如何与机器协作，利用数据和数字技术重塑工作流程。

图 7.1 实现转型与营造文化的三个阶段

实现转型和营造文化可分三个阶段进行：

1. **营造数据与 AI 驱动的文化**：组织的每个成员都应该了解数据与 AI 的重要性，并在数据与 AI 的基础上做出公司大部分的决策。要想成功实现这种文化变革，必须通过实施数据与 AI 治理，创造学习机会并提供简单易用的工具，让员工积极使用数据与 AI 产品，从而建立对数据与 AI 的信任。

2. **成功管理转型变革**：要通过领导者的远见，通过培训、教育、数据共享和数据产品的使用，赋能管理层和员工，这是至关重要的。转型和变革还需要改变组织的运作方式，如领导、投资和 KPI 调整，流程和架构调整，以及创建新的职业发展标准和激励制度。

3. 实施战略与愿景：从创建中央数据与 AI 组织开始，战略和愿景应该在整个组织中扩散和传播，最后改变整个公司的人机协作方式。

营造数据与 AI 驱动的文化的关键原则

数据与 AI 将构成未来经济的基础，也是未来每个组织发展的基础。因此，数据与 AI 应被视为核心资产，应该成为企业愿景、结构和流程的核心。创建一种数据与 AI 驱动的文化，本质上意味着每个员工都了解数据与 AI 的重要性，并将它们作为公司决策的基础；企业的价值观也要进行完善，纳入新的理念，营造乐于学习和试验的文化氛围，阐明公司在数据与 AI 伦理方面的立场。企业在数据与 AI 方面面临两方面压力：一方面，要尽可能多地利用数据与 AI，并尽快扩大数据产品的规模；另一方面，使用数据与 AI 时要考虑伦理问题，并应遵守更为严格的法律法规。应用数据与 AI 治理有助于获取信任，扩大数据与 AI 产品的规模，同时遵守法律法规。最后，每一位员工都应被给予充分的机会接触到数据与 AI，并开始使用它们。

主要原则

营造数据与 AI 驱动的文化

- 必须在整个组织中明确传达数据的重要性；
- 数据与 AI 驱动的决策应该构成公司决策的大部分内容；
- 实施数据与 AI 治理，以及质量控制机制，建立对数据与 AI 驱动的决策的信任；

> ● 学习、试验和创新文化是数字化转型的基础；
>
> ● 数据与 AI 转型必须切实可行、安全、有趣，让所有员工都能通过简单易用的自助工具进行工作。

成功管理转型变革的主要原则

数字化转型是一种卓越的变革管理，需要大多数员工和管理者进行思想转变。贯串公司各个级别的良好沟通、培训和教育对于创造强大的数据驱动文化至关重要。应鼓励和允许员工、管理人员参与数据与 AI 转型并成为赢家。公司领导层在清晰地传达愿景和转型战略并付诸行动方面发挥着关键作用。员工必须积极投身于有效的沟通计划，并参与规划过程。数据产品在它的整个生命周期中，都应该是计划的核心，这样变革才能更为具体化。变革管理还需要围绕一些硬性因素，这些因素是公司环境变化的体现。融资和指导决策应明确支持共同的企业愿景与转型战略。变革对大多数人来说都是困难的，所以应当让变革支持者都能从变革中受益，这就需要正确的激励制度，激励管理层与员工参与变革。

> **主要原则**
>
> 成功管理转型变革
>
> ● CEO 和高层管理人员必须主导企业愿景与转型故事；
>
> ● 领导层的沟通是透明的，且能考虑各个团队的具体情况；
>
> ● 中高层管理人员以明确的角色参与其中；

- 员工应该参与到这一过程中，他们的想法应该得到重视并落实，同时应当表彰已经开展的工作和参与其中的人员；
- 组织培训教育来支持培养数字人才；
- 招聘和留住各级数字人才是当务之急，需要高管给予特别关注；
- 数据与 AI 战略需要转化为目标与关键成果；
- 对积极参与转型过程的员工进行激励。

实施战略与实现愿景的主要原则

成功的数据与 AI 转型将随着时间的推移而不断发展，它始于一套中央组织和方案，随着数据产品战略、能力战略和变革管理举措打破部门孤岛，这套方案将逐步延展至企业的每个部分，并与主要流程紧密结合。

主要原则

实施战略与实现愿景

- 每一次转型都需要从某处开始，打破第一个孤岛；
- 通过跨学科合作，数据与 AI 的组织方式逐渐扩展到企业的所有部门；
- 最初的热情在几年后可能会消退，那么缺乏资金和失去重点就会成为潜在的问题。转型的进展需要在整个阶段进行跟踪和管理，需要高层管理者持续关注；
- 随着时间的推移需要建立一种新的人机协作模式。

创建数据与 AI 培育的文化

有充分的证据表明，数据与 AI 将构成未来经济的基础。因此，应将数据与 AI 视为核心资产，并将它们扎根于企业愿景、架构和流程的核心位置。营造数据与 AI 培育的文化，意味着每个员工都要了解数据与 AI 的重要性，并将它们作为公司决策的基础。为此，在公司中要崇尚试验和创新，调整企业价值观，以反映数据经济的新规范，并使数据与 AI 切实可行、安全、有趣。

传达数据、AI 以及数据驱动决策的重要性

数据应该是公司所有决策的基础，无论这些决策是由人、机器还是人机合作做出的。许多企业并没有把数据放在决策的中心位置，而凭直觉做出的决策却占了上风。在这方面，高层管理者的做法至关重要。如果他们要求用数据和指标来衡量与决策相关的方方面面，做决策时更加重视数据、事实和推理，那么他们的这些做法就会逐渐在企业中蔓延开来。这同样适用于将指标仪表盘作为主要基础的人为决策。只要机器能够在某一领域或某一类事务中有可信赖的高质量决策，就应提倡和确保基于机器做出决策。

此外，为使每个员工都能熟悉必要的数据，广泛的培训必不可少。数据不应是存在于数据仓库中的抽象事物，好像对个人无关紧要，而应该是有形的宝贵资产。因此，教育和培训可以在适用情况下辅以激励的元素。要将数据与 AI 组织融入公司，并创造机会让公司员工同数据与 AI 专业人员协同工作，将数据驱动的文化推广到整个公司。理想状态下，这些员工将向各自部门汇报从数据科学家那里学到的东西，并将新

的数据驱动态度融入日常工作中。

每位员工都应该能够理解，高质量的准确数据的可用性是数字化转型的基础。虽然这一点看似不言自明，实际上却是企业最难办的工作之一，尤其是在其固有业务不是基于数据产品时。显然，专家往往认为各自的专业领域适用于大部分业务问题，即便数据产品遇到了新情况，可能需要其他的解决方案，他们也会倾向于选择自己熟悉的工具和解决方案。

从另一个角度来说，有些技术团队过去所构建的软件并不包含数据产品，这些团队也需要对数据与 AI 提起重视，了解其工作原理。举例来说，如果机器学习模型的性能出现问题，又没有正确评估根本原因，那么每个团队成员都会首先想到适合各自角色的解决方案。例如，团队的软件工程师会假设部署流水线及其底层代码存在问题，并可能通过检查包含基础设施配置信息的相关 Terraform 文件来解决问题；企业家会怀疑机器学习模型在一开始就存在设计问题；用户体验设计师则会调查是否在生成用户所需数据时，用户的输入与用户行为不一致。需要明确的是，从不同的角度解决问题，本身是没错的，问题在于不能直到最后关头才意识到忽略了数据相关的视角。在上面的例子中，参与各方都没有意识到，根本问题可能是数据本身应该做出调整。如果企业没有以数据为主导的文化，这种情况将成为常态，必然会导致数据与 AI 驱动的数字化转型滞后。

为学习、试验和创新的文化进行投资

一旦进入数据与 AI 世界，你可能会大吃一惊，因为它与公司组织、流程与架构中体现出的那种清晰、明确的机制形成了鲜明对比，一开始看起来确实非常混乱。同样，这也与软件开发世界中成熟的原则和结构形成了鲜明对比——尽管这两个世界都是基于数学、代码和逻辑的。这是因为数十年的发展经历将传统行业和软件开发塑造成了两种模式。数据与 AI 这个新领域刚刚从原本狭小的小众市场中脱颖而出，虽然有望变得非常强大——并且已经在谷歌、亚马逊、脸书等强大的全球数据玩家中显示出了主要的实力，但仍然在探索中，还没有可以作为主要标准的严格流程。

这大大增加了企业在这一新的核心领域立足的难度。当然，这也可能是件好事，因为这为企业提供了大量的试验机会，提供了探索、试验失败和再尝试的机会。企业在这一过程中能够学到很多东西，无论是内在架构和技能，还是外在知名度和思想领导力，都会被提升到新的水平。因此，这意味着坚实的项目管理方法仍然应该构成数据与 AI 驱动的数字化转型战略的基础。然而，在这一经典的路径之上，应辅以一些试验性因素，无论是方法上还是内容上。总之，你的企业即将开启新的飞跃，点燃星星之火，踏上新的征途。

集成你的企业所使用的一套方法，可以催生新的想法，大幅推动数字化转型。为此，你可以借鉴初创公司和用户体验从业者常用的工具包，这些工具包强调数据产品和 AI 相关工作的协作性、互动性和敏捷性。如上所述，其中一些方法甚至可能支撑起数据产品生命周期的一部分。通过将这些方法应用到数字化转型过程中，真正将卓著的动态创业思维的一些元素落实到组织中，对很多方面都是有益的。第一，将数据产品开发扎根于企业，包括迭代工作，即假设、测试、调整并进入下一个循环。如果员工在转型的早期阶段熟悉这种方法，以后运用这种思维方式将变得更加容易，例如，将敏捷方法论用在其他领域。第二，对于擅长交互式工作的员工来说，组织将更具吸引力。一段时间后，这将形成良性循环，吸引越来越多的员工到组织中来，应用越来越多的新方法，你的公司将会越来越敏捷，并确保数据产品的中心地位。

> **数字化转型中，试验、创新和创意测试的方法示例：**
>
> ● A/B 测试；
>
> ● 业务原型；
>
> ● 虚拟合作和研讨会；
>
> ● 设计冲刺中的元素，如"六顶思考帽"（6 Thinking Hats）、"疯狂 8"（Crazy 8s）；
>
> ● 客户访谈和共创。

营造学习、试验和创新文化的关键因素是企业财务应用的引导和投资逻辑的调整。试验意味着要为学习付费，企业学习需要投资。如果一款数据产品经过验证后没有投入使用，因为验证结果显示其未能为客户或公司提供预期的价值，这并非失败，而是通过学习，可以在未来打造出更优秀的数据产品，避免了为失败产品进行巨额投资。

在外部世界的思维领导力方面，试验为你提供了极佳的机会，通过寻找和确定正确的方法、流程和工具，为标准化铺路。你将会有很大的机会将一些结构融入数据与 AI 世界，并传播这一理念。你在会议上发言，撰写博客，展示你进行中的工作和得到的经验教训，想让全世界都参与到你利用数据与 AI 进行数字化转型的努力中来。

为数字化转型调整企业价值观

企业价值观是企业的基本信念，是指导员工做出决定的基础。随着数据与 AI 带来经济格局的快速变化，企业需要调整自身价值观来推动数字化转型。为了获得灵感，企业应该仔细研究当前科技行业的趋势。

这些趋势都存在两面性。

一方面，数据与 AI 驱动的公司构建了互联的世界，几乎不受限制的数据交换和机器学习模型的不断应用成为其显著特征。这影响了消费者的行为，而客户可以自由地分享自己的数据以换取服务，比如基于自身用户资料获得相关推荐。消费者的行为和谷歌校园网站的精彩报道等内容影响了社会规范，并形成了新的工作模式和新兴技术，如开源码、虚拟协作、高层次的试验、数据与 AI 决策，以及数据湖和云技术等新的数据传输和存储方式。在顶级科技公司，行业之间的界限也开始变得模糊。非常典型的案例之一是苹果公司开始计划生产汽车。综上所述，在以下数据与 AI 新经济的创新驱动力下，每个公司都需要重新思考自身的企业价值观：

- 高层次的试验；

- 开放式创新和开源；

- 虚拟和跨职能协作；

- 数据与 AI 驱动的决策；

- 云和移动原生云；

- 以客户为中心；

- 行业之间日益模糊的界限。

另一方面，谁能获得和控制个人、公司和政府的数据也变得日益重要。由于掌握了数据与 AI，亚马逊、微软和谷歌等大型科技公司在新的数据经济中成为佼佼者，财富和权力空前集中。人们开始担忧隐私、商业机密和国家安全[5]。各国（尤其是欧盟国家）政府已经开始制定指导方针，并对这种新的数据经济进行监管限制（表 7.1）。因此，政府、传统公司和消费者的关注催生了与上述创新驱动力相反的力量，这些力量也必须反映在企业价值观中：

● 关于数字、数据与 AI 的新的监管要求和道德要求（本质上，AI
系统应该是负责的、可解释的和可控的）；

● 保护个人、公司和国家的数据不被外部获取，并防止组织内部滥
用个人数据；

● 呼吁标准化（包括监管和流程两方面）。

表 7.1 数据与 AI 治理的条例、立法和准则实例

适用国家	名称	主要焦点	扩展阅读
欧盟国家	《通用数据保护条例》	数据保护和隐私	2018 年欧盟《通用数据保护条例》（https://gdpr-info.eu/）
欧盟国家	《欧盟委员会白皮书》	AI 可解释性	《欧盟委员会 AI 白皮书》（tinyurl.com/qugrdak）
英国	《数据保护法》	数据保护和隐私	2018 年《数据保护法》（tinyurl.com/yybsr8sa）
美国	《算法问责法案》（2019 年国会提交版本）	AI 可解释性	国会第一次怀登会议（tinyurl.com/y5k6zgnp）；美国算法相关的立法，可参见《新法案将强制公司检查其算法是否存在偏见》（tinyurl.com/ y2x3wra7）

这两种对立的趋势很可能会推动形成新的公司价值，并指向企业的
未来。想要为未来做好准备的公司，将不得不同时接纳这两种趋势。这
将意味着需要在公司内部建立一种开放的、以数据与 AI 为驱动力的合
作文化，并在市场上接纳以数据为中心而非以行业为中心的观点。这对
于分享数据与 AI 创造的新利益至关重要，对于应用上一章所述的全面
的数据与 AI 治理也同样重要。

让每一个员工感到数据与 AI 切实可行、安全、有趣

最终，为了将这种数据与 AI 驱动决策的方式融入大型组织，你需
要让数据与 AI 成为企业每个成员增强洞察力和愉悦感的工具。许多员

工都想尝试新的工作流程，利用数据与 AI 工具来工作并从中获得新的见解。通过给予他们利用这些工具的自由，至少会有不少人为了使用和理解这些工具，自然而然地开始接受培训。

主要的先决条件是提供数据的使用权，这个过程通常被称为数据民主化。还要建立必要的基础设施，即第 6 章所概述的高度标准化的数据平台。

在进行这些准备工作的过程中，你可以从实施数据与 AI 的流程且采用相关的工具开始：

- 美观（如通过仪表盘和可视化工具）；

- 易用（每个人都可以使用数据，如通过自助式商业智能工具或现成的分析工具）；

- 影响力（通过解决关键的业务问题和用户问题）；

- 可控（通过数据与 AI 治理）。

成功管理转型变革

实施数据与 AI 驱动的数字化转型的战略应认真实施以下事项的管理，以便为转型成功打好基础。这些关键点中的每一个都将在接下来的几节中详细讨论。

成功管理转型变革的基石

- 依靠各层次数字人才扩大团队并留住人才；

- 为每个利益相关团队量身定制透明的领导力沟通机制；

- 通过激励和设定期望值让整个管理层参与进来；

- 积极吸引并授权员工参与转型；

● 提供教育和培训，提高人员的数据与 AI 素养；
● 给予适当的激励，奖励员工的积极参与。

依靠各层次数字人才扩大团队并留住人才

许多企业缺乏合适的管理团队来推动数字化转型。董事会和高级管理层的大多数成员不具备很强的数字化背景，因此，在数字化转型期间，他们仅凭自身力量无法提供合适的行政领导。那么，就应该靠数字化人才来填补或替换职位，或者是设立新职位（如首席数字官或首席数据官）。管理层的第一轮招聘通常是最重要的，因为此时公司尚无数字化人才基础，也就没有该类人才愿意孤身加入。这就需要准备高于市场水平 50%~100% 的薪酬溢价，让第一批数字人才进入公司。一旦建立了小规模的优秀团队，并制定了可使人才施展才能的数据与 AI 战略，更多的人才就会随之而来，薪资水平就可以更接近市场水平。在企业内部，你也可能发现优秀的数字人才。可以发布内部招聘信息，鼓励员工申请这些新职位，这样就可以追踪谁有动力转向数字工作岗位，然后提供进一步的培训帮助他们提升技能。总的来说，所有的数字人才都是非常抢手的，需要谨慎对待。除了给予日常职业认同感并激发表现优异的员工的个人发展潜能，良好的企业愿景、敏捷的企业文化和高层管理的支持也会有所裨益。最后，还要定期衡量员工满意度，提供机会消除数字人才和数据人才的痛点，防止他们离职。说句题外话，对于组织上的变革，我们建议不要进行过多试验。一旦你将 A 部门与 B 部门联合起来形成新的业务部门，那么在一段时间内不要再做重组，除非有重大原因需要进一步改变。组织结构及其责任人构成了员工日常工作生活的基础。他们的每一次变动，都会产生摩擦和不确定因素，降低工作满意度，所以应该谨慎引入。

为每个利益相关团队量身定制透明的领导力沟通机制

有效沟通策略的首要原则是高度透明。员工对状态更新和进度报告非常感兴趣，因为这些变化会对他们的日常工作生活产生重大影响。因此，不只要告知他们某个问题的最终状态，而且要定期介绍变革管理进程的现状，说明一些即将进行的工作，这对他们来说是至关重要的。这样做，员工有机会在转型初期就看到公司前进的方向，并参与到这个过程中，也就能够在感受到偏差时及时纠错。为里程碑的设定进行交流是非常重要的，它使成功更为可期，并能增强动力和团队凝聚力。你可以收集并展示相关内容来证明这些里程碑的影响力，展示一些滴水成涓的成功案例，而不是一个较难以实现的重大成功案例。

一旦你踏上转型之路，你就应该步步为营，对走出的每一步进行进一步衡量，定期向领导层提供证据，以证明公司在正确的轨道上运行，就像你故事中所期望的那样。如果一开始就有证据表明你故事中的期望正在变为现实，就可以证明你的故事是正确的（至少目前为止是正确的），在迈向目标的下一个阶段中就能提高高层管理人员对数字化转型活动的信任度。即使你现在处于商业利益并不高的阶段，人们也会确信你终将收获更高的商业利益。

优良的沟通策略要考虑所传递信息的内容、时机和态度，并将各种沟通方式进行良好结合。讲座形式适于介绍数字化转型的最新进展，而员工大会可能更适合热烈讨论。员工大会允许双向沟通，邀请员工提出问题和疑虑，公开讨论有争议的话题。但你应该时刻牢记，人们对信息吸收类型的偏好各不相同。有些人可能更喜欢讲座，而另一些人可能更喜欢定期更新的内部网站上的文字信息。

通过激励和设定期望值让整个管理层参与进来

为了推动组织内所有部门的变革，相关的高层和中层管理人员必须密切参与。应了解他们对整体企业愿景和变革故事可以做出什么贡献。在变革过程中，CEO 最重要的任务是使整个管理团队同新的企业愿景、转型战略保持一致。毕竟，他们将在各自部门实施数据与 AI 战略。首先，你需要识别利益相关者，并与他们沟通，了解他们的观点和潜在的担忧。其次，应该根据他们的兴趣和权力来确定优先级，并想方设法将其纳入整体战略。最后，你可以考虑一下如何应对每个团队。一种方法是让参与数字化转型的高层和中层管理人员组成一个变革管理团队，执行具体任务并承担责任。变革管理团队应该是跨职能的，以便能够容纳各种不同的观点。毋庸置疑，这支团队在背景、性别和其他多种维度上都应具有多样性。

对数字化转型变革方案具有较高权力和支持态度的利益相关者应在变革管理团队中获得领导角色。他们可以作为领导者和复制者，推动组织内部的变革。对数字化转型具有较高权力和中立态度的利益相关者也可以纳入变革管理团队，但与前一组高级管理人员相比，他们涉及的角色不那么关键。一对一的密切沟通可能有助于找出阻碍他们对变革持更积极态度的潜在原因，并通过努力让他们完全加入。最重要的是，对于权力大、反对数字化转型的高级管理人员，需要持续不断地进行沟通，找出他们反对的原因，然后根据这些信息采取行动。反对数字化转型的原因，通常是担心目前的大量权力会因变革进程而被大大削减。让受影响的利益相关者密切参与，并保持沟通渠道畅通，也许能够减轻这些担忧，并找到适合双方的解决方案。例如，可以找到与该管理者以前的角色在权力和可见度上相仿的新角色，并让他发挥所长。但是，如果什么方法都不奏效，转型不断遭到反对，变革的努力遭到破坏，CEO 可能就需要做出艰难抉择，如将该管理者调到其他岗位，将他带来的伤害降到最低，或者在最坏的情况下，解雇反对变革的管理者，以避免对变革进程造成重大伤害。

积极吸引并授权员工参与转型

积极的员工参与是指让员工密切参与变革过程，以创建数据与 AI 驱动的文化，推动数字化转型。如何调动起员工参与的积极性？有些员工可能对数据、AI 和数字技术相关的工作有天然的兴趣，他们比其他员工更有兴趣做出贡献，可能愿意充当变革的推动者，脑洞大开并将变革贯彻到底。重要的是要在这些热衷于数据与 AI 的员工中，发现那些具有企业家思维的人，并为其提供精准定位，让他们完成相应的任务来执行变革。更多的时候，有可能是职位偏低的新员工拥有新的视角和良好的态度来批判性地审视现状，以求做出改变。这些员工往往可以成为公司最重要的变革推动者，因为他们来自公司内部，对业务和当前的文化非常了解。一旦对这种员工提出要求，如在全公司范围内呼吁员工加入变革管理团队，为数据文化变革做出贡献，他们可能会发挥出惊人的潜力。另一种让员工参与其中的可能方法是建立或改造出创新创意汇报系统，并鼓励员工在组织中提出同数据、AI 和数字化转型相关的想法。为了让员工更普遍地参与到数字化转型过程中，可以建立定期但有针对性的反馈系统，以获得比年度公司调查更及时、更具体的员工反馈。

一般来说，授权和认可是获得员工持续参与的两个关键因素。为变革推动者提供正式授权，是在高度等级化的组织中实现员工参与的第一步。那些对利用数据与 AI 实施数字化转型的企业新愿景具有高度积极性的员工，如果在推动变革的活动中遭遇到来自中高层管理人员的推诱，他们就会失去积极性。因此，必须对他们进行相应的授权，无论是通过官方形式，还是通过导师制度，或者两者相结合。下一步实际的员工授权应该将严格的形式结构放宽，包括打破等级制度、拓展信息交流的类型（用积极的讨论取代独白式的讲座）和放宽访问特定系统的限制（授予更多初级员工对原本只限于高层的系统和会议的访问权，或者建立人人都能参与的新系统和会议）。

让员工参与数字化转型的一种有趣方法是开展内部竞赛或挑战，为如何推动公司采用数据与 AI 收集想法，如以"成长"或"技术编程马拉松"的形式。这样一来，一些员工可能会开始思考，在这个过程中他们能做什么，或者公司流程如何朝着既定方向改变，激发整体的创业精神。

提供教育和培训，提高人员的数据与 AI 素养

最有效的变革管理举措之一是为公司的每个人提供培训，以提高基本的数据与 AI 素养。这种培训应该成为每个员工的必修课，包括执行团队和董事会的成员。培训也可以针对特定业务部门或小组（如行政小组、技术小组、非技术小组）的员工，一些基本培训课程可以成为每个人的必修课，而更高级的培训课程可以选修。

此外，基于自愿原则，还应该为有兴趣学习更多知识的员工提供特别培训。选拔出对数据与 AI 有高度亲和力的拥护者，让他们获得更多的培训时间，发挥其兴趣特长。他们可以成为他人的榜样，鼓励他人也这样做。正式的证书和培训项目可以作为这些培训的补充。一旦达到一定认证水平，你可以让这些拥护者转换角色，在数据与 AI 组织中为他们提供位置。

当你打算在组织中采用新的数据与 AI 工具时，也可以号召员工成

为这个特定工具的推广者。自助分析工具可能是良好的起点，因为它可以在组织中传播数据与 AI 文化（见上文）。感兴趣的员工将接受如何使用这些工具的特定培训，可以在研习会上回答其他工具初用者的问题。此外，还应该考虑培训的类型。更积极的培训，如思维练习、以小组为单位解决问题和动手编程活动，通常比传统的课堂培训更有效。

给予适当的激励，奖励员工的积极参与

最后，员工的积极参与需要得到认可。当然，这可以通过建立奖励制度，提供经济或晋升相关的奖励来实现，但这些硬性因素还应该辅以更多的社会认可方式，即给员工展示自己成就的平台。对于支持组织变革、有强烈驱动力的员工，可以将其任命为个别专题变革举措的领导者，如建立分布在不同办公地点的虚拟团队，探索新的合作模式。另一项变革举措可涉及如何将敏捷方法纳入当前的项目管理工作。在介绍利用数据与 AI 进行数字化转型的当前进展时，变革举措的领导人也可以介绍自己的进步情况。重要的是，对员工积极参与的认可，不仅要针对当前的变革举措，还要认可他们已经开展的工作，这些工作要么是为当前的数字化转型做准备，要么是为新的数据与 AI 组织打下了组织基础。

实施战略与实现愿景

本书提出了实施新的战略与实现新的愿景的三个主要阶段和相应的变革模式。第一阶段，数据与 AI 组织作为新的实体被赋予了生命，最初的变革过程是通过建立跨职能团队来打破孤岛。这些团队首先需要通过在整个公司应用数据产品来取得切实的成功，并将企业新愿景的一部分带入现实。第二阶段，在不断变革的过程中，借助不断扩大的数据与

AI 组织以及广泛使用的数据产品，公司的其他部门慢慢转型。第三阶段，数据与 AI 将逐渐改变工作场所中人与机器的关系，需要重新塑造工作角色，并对整个组织中的员工进行重新培训。在整个变革过程中，需要跟踪进展情况，消除阻碍因素，需要得到高层管理者的充分重视。

CEO 与高层管理人员必须谋划企业愿景并推动转型故事的发展

如果没有 CEO 强有力的领导，利用数据与 AI 进行的数字化转型终将会失败。有证据表明，如果 CEO 不能引领数据驱动的文化，公司的其他人员就不会自行推动[6]。负责利用数据与 AI 进行数字化转型的领导层，应该对相应的企业愿景和变革过程表现出动力和激情。如果过程和沟通是透明的，大多数传统等级制组织中的员工就会接受自上而下的推进方法（见下文）。大多数员工并不期望他们能够从第一天起就对这一进程做出贡献，但会期望领导层给予一些指导。

员工也需要仰望领导层，以相信他们对成功的数字化转型以及数据与 AI 战略的愿景。如果高层管理人员自身接纳了这些变革，并真正以身作则，这也会引起员工的注意。如果 CEO 宣布每个员工都必须接受强制性的数据与 AI 培训，那么领导者也必须接受培训。如果声称公司的未来取决于创建数据与 AI 驱动的文化，那么就必须遵守这种文化的原则。推动数字化转型的领导团队应该具备明确的议程，重点关注企业愿景和战略，包括目标、衡量标准，以及中高层管理人员和员工的管理。领导团队还应该兑现承诺，并将自己的努力和工作过程透明化。这意味着，领导团队必须清楚地阐述企业愿景和转型故事。为此，他们需要起草并遵循清晰的沟通战略。

启动转型，打破第一座孤岛

本书认为，数据与 AI 组织应作为一个独立的部门，或根据第 3 章中所描述的原则建立。原因如下：第一，这是数据产品最初可以应用的地方，这对于数据产品较新、核心业务模式基于完全不同内容的企业来说尤其有用，如化工制造公司的化学品生产，或咨询公司基于项目的咨询服务。第二，根据数据产品的具体需求来构建能力，比构建一套无所不包却无法直接利用的能力要高效得多。在后一种情形下，资源在缺乏直接用例的情况下被消耗，这就容易对数据与 AI 驱动的数字化转型产生阻力。第三，由于数据与 AI 组织需要与不同的业务部门密切合作，信息可以双向流动。数据与 AI 从业者要学会理解不同业务部门的观点，而不同业务部门也要学会理解数据与 AI。通过获取不同业务部门的见解，数据与 AI 组织可以找出共性，产生协同效应，并实现数据产品的跨部门应用，而不仅仅是将数据产品的应用局限在它的策源地。反过来，业务部门也会通过同数据与 AI 组织在具体数据产品上的合作，引入数据与 AI 驱动的文化、技术和敏捷方法。数据与 AI 组织本身应该具有强大的凝聚力，拥有数据与 AI 相关技能的员工可以紧密合作。专门负责数据与 AI 的强大部门将负责构建数据与 AI 产品，而不会受到任何日常操作（包括无关的绩效指标）上的干扰；也没有部门间的竞争和孤岛思维。部门竞争和孤岛思维的典型案例是，B 部门负责人说："我不支持 A 部门增加数据产品预算的要求，因为这最终意味着我们 B 部门将获得更少的预算。"这种情形会阻碍组织创造数据产品的努力，不仅在部门层面，整个组织也是如此。

当数据与 AI 组织成功运行一段时间后，就会出现同公司其他业务部门之间的日常互动，产品小队会出现越来越多其他业务部门的员工。

交互次数可能会相对少，因为一开始只有几个业务部门参与。尽管如此，来自业务部门的少数员工同数据与 AI 组织的员工展开密切合作，以熟悉他们的数据与 AI 驱动的文化及理念，如敏捷方法论及其技术。其中一些员工甚至会以提高数据与 AI 技能为目标，并转向数据与 AI 组织。这将使数据与 AI 组织在公司中有机地成长（图 7.2）。

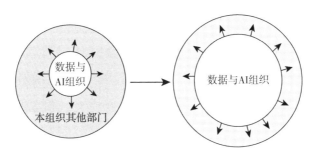

图 7.2　数据与 AI 将如何帮助整个组织转型

当然，实现这一点的条件是，数据与 AI 组织的事业被视为是成功的。为此，可以在一开始就选择恰到好处的数据产品，它能够快速原型化，并尽早显示出一定效果；不要在最初就选择庞大的数据产品，也不要选择跨部门、数据集来自多地且需要高度复杂的机器学习的模型，否则失败概率很大。第一批数据产品应该是简单的，而且每个数据产品只限于少数业务部门，不一定需要在全球范围内使用，或是要革新整个销售流程。如果首批数据产品解决了具体业务问题，还可能降低成本或创造收入，最重要的是，让部门中有影响力的员工的生活变得更轻松，这就够了。这将在整个组织中传播开来，其他部门也会渴望同新的数据与 AI 组织合作，解决其业务问题。

数据与 AI 组织通过跨学科合作扩散到其他部门

随着时间的推移，不同团队、不同部门同数据与 AI 组织合作、交织，可能出现覆盖不同部门的多数据集的数据产品。现在，可以通过网络效应获得回报，这也是数据经济的一般特征：拥有的数据越多，越可以利用 AI 解决更多的业务问题，并获得更多的洞察力！这显然会带来更多、更可见的数据产品，并向潜在的客户和人才展示数据与 AI 组织在公司内外的有效性，反过来吸引更多的数据与 AI 人才，卓越数据将继续增长。在某些时候，将组织模式转换为混合模式可能是颇有裨益的，这意味着数据科学家仍然属于数据与 AI 组织，但他们在业务部门内只为特定产品工作。最后，随着越来越多的数据产品在整个组织中创建，企业文化也受到数据与 AI 的极大影响，你会想要切换到分散模式，而这可能已经成为现实。在此，拥有数据与 AI 技能的员工与业务方面的员工在日常工作中密切合作，但由于双方的文化和技能已经高度融合，他们之间的差异变得越来越模糊。

人机协作模式将随着时间的推移而调整

随着转型的继续，人类和机器需要更加紧密的合作。工业化以来，机器力量取代了许多以前靠肌肉力量完成的体力任务。现在，数字化正越来越多地利用 AI 取代目前由人脑完成的认知任务。与工业化类似，现在的大部分工作不会完全被机器取代，而是会被补充。就像洗衣机，它仍然需要人把脏衣服放入其中，再从中取出；或者像在汽车装配线上人与机器人并肩工作。这将极大地改变大多数员工的技能要求，并需要对许多员工进行再培训，把他们从日益收缩的工作岗位转向人力需求增加的岗位。根据麦肯锡全球研究院的数据，在 2016—2030 年，全球 15%

的劳动力（约 4 亿工作人员）将受到影响，但与此同时，全球 21%~33%
的劳动力（5.55 亿 ~8.9 亿个工作岗位）将被创造出来，技术、认知和
社会情感技能方面的要求将会提高[7]。常见的特征场景是，机器将通
过放大人工的认知或体能，以及接管同客户和员工的互动，以节省员工
时间，来支持人类完成工作[8]。

　　因此，对于关心员工长期福利的公司来说，重新培养愿意并能够
参与此类培训的员工势在必行，这可能是非常有意义的为社会贡献的方
式。AI 和软件将被整合到人工的大多数工作流程，不管是在零售业、汽
车制造业、银行业、消费品业还是任何其他行业，不管 AI 的实际工作
角色是什么。设计师将在产品设计中得到机器智能的支持；市场研究人
员将利用 AI 更快地收集更深入的客户见解；流水线工人将在机器不工
作时集中精力修好机器；旅行社接受客户的咨询，只需要解答那些无法
在网上由机器人回答的问题；银行的风险经理会在元层面上分析风险数
据，检查机器学习模型是否存在偏差。

跟踪和管理各阶段的转型进展

　　当以数字化转型为目标，实施数据与 AI 战略时，最初你可能会觉
得目标是遥不可及的。但潜在的回报是巨大且令人兴奋的，同时任务又
略显艰巨，这可能会令人犹豫不决，无法确定如何迈出第一步。如果想
要转变为一个在核心业务流程中大力采用数据与 AI 的组织，就必须调
整工作系统，无论是与组织架构、流程有关，还是与现有的软件产品有
关。要确保在新系统到位之前，不要彻底削弱原系统。否则，可能会产
生真空地带，让员工感到困惑，或质疑你的领导能力。例如，当原来的
信息技术部门计划由新的数据产品和 AI 部门取代时，你不应解散旧部
门，空留它的员工坐等新的架构。因为组织变革有时需要漫长的时间，

可能需要几个月，这将不可避免地让人受挫或让部分人离职。跟踪进度并对即将出现的障碍做好应对，是至关重要的。高层管理人员需要深度参与组织变革的每一个阶段，必须推动变革，并消除一切障碍。坚实的项目管理方法，可以使变革管理每一阶段的结果具体可见，一步一个脚印地去实现目标，这也是因为小步伐的渐进式变革比一锤定音更容易实现。设置具体的里程碑可以通过确定指标并展示相应的成果来实现，让员工和利益相关者保持参与度和积极性。当到达重大的里程碑时，可以在更大的组织单位内庆祝。这可以提高成功的可见度，并为下一个里程碑赢得积极的态度。

案例研究

用数据产品推动一家时尚公司的变革

　　十几年前，一家大型时尚集团开始了数字化转型之旅。这一知名而出色的消费品牌在 70 多个国家的数千家零售店中销售各种时尚商品。转型开始时，超过 10 万名员工主要在这些零售店工作。当时公司意识到，由于门店的客流量正在下降，他们必须转向大规模的网络销售，为此必须绘制新的企业愿景。

　　数字化转型的新企业愿景有几个重点。最重要的是要从纯零售店销售转向线上销售。然而，公司向线上迁移的过程却举步维艰。数字化转型的关键问题是，大部分线上销售的实现是以零售店的销售损失为代价的，这意味着时尚集团不得不蚕食自己的核心业务。这需要有胆识的领导力，需要在组织架构、业务指标、流程、投资策略、职业发展和文化方面的变革，才能加速并成功完成其数字化之旅。

今天，该时尚集团通过其数字市场，在这 70 多个国家中的一多半国家里运营中央在线平台，这些平台基于云、API 和微服务，产生了近 15% 的销售额，并且销售额正在迅速增长。客户忠诚度和 AI 现在是该公司投资的关键领域，特别是分类规划到供应链和销售。其忠诚度俱乐部中的 3000 万名会员使他们能够跟踪客户群中的大多数人并与他们保持联系，更快地感知客户需求的变化。

通过在平台上持续运行的数千项在线试验，该时尚集团的营销越来越优化，以提高参与度、转化率和客户终身价值。零售店自身也发生了转变，例如，它们通过嵌入射频识别（RFID）等数字技术来定位和管理店内商品的供应情况。如今，线上销量的增速大大超过了零售店销量。

该时尚集团利用自己同时拥有线上线下两种销售模式的优势，投资为顾客提供无缝的全渠道体验，让实体店和网店之间实现互动，如点击领取、扫描购买和店内在线退货。这样一来，实体店即使在数字世界中也能成为有利条件。

有关转型与文化的经验教训

为什么不要试图成为下一个谷歌？

字母表是谷歌的母公司，作为科技公司的巨头之一，拥有 1 万亿美元的市场价值。字母表已经创建了令人印象深刻的数字平台，囊括了网络搜索（Google）、电子邮件（Gmail）、在线办公应用程序（G Suite）、视频（YouTube）、存储（Google Drive）、移动设备（Android）、云计算（Google Cloud）、导航（Google Maps）、广告（Google Adwords）和网站分析（Google Analytics），甚至自动驾驶技术（Waymo）等功能，这些都是其细分领域的主导产品。我们从谷歌身上可以学到很多让公司向前发展的东西：他们如何为数字化人才提供合适的创意环境，如何在决策时平等对待每一位员工来确保扁平化的管理模式，如何看重事实而不依赖直觉和某种共识，如何培育强大的工程文化并实施卓越的工程，如何管理产品投资。我们还可以学习它鼓舞人心的价值观。然而，在纯数字平台中，只有少数赢家，谷歌显然是其中之一。尽管谷歌可以激励人心，但你的公司不太可能与它同日而语，所以最好找到有利可图的利基市场，让你的公司能够真正参与竞争。你需要考虑你所在行业和你的业务的独特性，展开自己公司的企业愿景和转型故事。仅仅建立数据与AI组织是不够的。数据与AI不应该在企业有了问题之后去充当解决手段。我们推荐阅读卡特林（Catlin）等人的精彩文章，从中了解传统企业可选择的四种通用战略方案。对于这些企业来说，成为像谷歌那样的全球范围内纯粹的游戏搅局者是不可能的[9]。

1. 在单独的竞争领域进行较小规模的搅局，例如，只为针对年轻受众的时尚品牌建立移动商店。

2. 快速关注，如通过转向影响者营销。注意力就是金钱，影响者营销可以把目标对准真正的顾客，也就是已经对你所在行业感兴趣而且很有可能会关注你产品的那一类人。

3. 将资源转移到新的业务部分，例如，将投资预算从纸质报纸业务转移到在线新闻门户网站。

4. 大规模搅局，例如从普通汽车转向自动驾驶汽车。

强有力的企业愿景应该完全包含其中一个选项，并应明确指导企业的发展方向。目标应该是可以实现的，同时又是雄心勃勃的，应该与首席执行官和董事会的雄心壮志相匹配，并能充分契合所在行业的现状并从容应对变化。

为什么高瞻远瞩的领导力意味着言出必行？

新的企业价值观，如以客户为中心、跨职能协作、数据驱动的决策，以及数据与 AI 战略转型路线图中提出的新的优先事项，都需要反映在高管的日常投资、管理决策和行为中。他们是公司其他人员的榜样，每个人都会仔细观察他们，看他们是否真的重视新的企业愿景和转型故事。如果高管和高级经理人做不到言出必行，中高层管理人员很快就会效仿，优先考虑当前传统业务的问题；而传统业务的利润占了很大的比重，因此，他们又会将转型重点放在传统业务上。员工可能会认为整个转型故事对媒体和股东是好故事，但不会真正实施，因此会变得消极起来。此外，由于大部分收入仍由传统组织产生，企业很容易陷入这样的陷阱，即把更多的投资或职位晋升放在能多赚钱的部门，而非那些致力于实现数字化转型的部门。如果职业认同与新的企业愿景不一致，后果很简单：每个人都像什么都没发生一样继续下去，而那些接受了转型过程并愿意作为变革推动者的数字化人才则会很快离开公司。

为什么改变投资方式是文化变革的关键部分？

转型的一大风险是，转型成本被大大低估，或者企业愿景的雄心远远超过转型方案的预算。大多数转型都需要大量的投资，远远超过一般的投资。资金短缺是另一潜在的问题，因为最初的热情可能会在几年后消失，特别是新的数字商业模式的回报通常来得很慢。在为项目融资时，很有必要表现得像个风险资本投资人。有些想法不会成功，而有些则成功了，但你无法预知最终胜出的是哪一个。所以，数据产品的融资应该分阶段进行。每个阶段之后，如果产品表现不佳，则需要决定是继续开发、转向还是中止产品。关键是要把每一步都看成是学习，并记录下来。停止数据产品开发并不等于解散产品小队，他们可以负责设计下一个符合团队长期任务的数据产品。例如，如果一个团队的任务是提高某时装品牌的客户忠诚度，而根据当前的可用数据提供下一个最佳报价算法的数据产品可能被证明是无效的，那么接下来，团队可以通过在网站上收集新的数据并运行在线试验，以完全不同的方式构建算法，或者提出全新的数据产品理念，并验证这款数据产品是否可能更成功地提高客户忠诚度。过度谨慎可能是转型的另一大威胁，因为它阻碍了学习、试验和创新文化的营造。过度谨慎往往来自对未知的潜在恐惧，而一些能够快速成功的具体举措可以减轻这种恐惧。可以把持续十年的转型长跑分为一系列两到三年的冲刺，这有助于保持速度、投入和驱动力。

为什么敏捷和纪律是一致的而不是矛盾的？

什么更重要——敏捷还是纪律？这是个误导性的问题，因为敏捷需要大量的纪律和专注才能实现。纪律要求坚持企业愿景和组织架构，使其长期保持稳定，这样敏捷团队才能真正发挥作用。纪律还要求关注管理良好的数据产品组合、能力和变革举措，这些举措遵循数据与AI战略和转型路线图中设定的优先级。这样可以防止敏捷团队的资源和注意力过于分散而失去重点。纪律也要求专注于衡量各敏捷团队任务成功与否的关键指标。敏捷的关键原则是不断地检查和调整。当你启动了一项新的企业战略，你可不想几个月后发现这种调整没有发挥作用，还不如一切都回到最初的状态。与其回到起点，你还不如做一些额外调整，并通过修改转型路线图将学习成果纳入其中。

转型与文化清单

下面是一份创建数据与 AI 驱动的文化并实现转型变革的清单。

清单

创建数据与 AI 驱动的文化

- 传达数据与 AI 以及数据驱动决策的重要性;

- 投资于学习、试验和创新的文化;

- 营造适应数字化转型的企业价值观;

- 让每个员工感到数据与 AI 切实可行、有趣、安全。

成功管理转型变革

- 依靠各层次的数字人才扩大团队,留住人才;

- 为每个利益相关群体量身定制透明的领导力沟通机制;

- 通过激励和设定期望值,让整个管理层参与进来;

- 积极吸引并授权员工参与转型;

- 提供教育和培训,提高人员的数据与 AI 素养;

- 给予适当的激励,奖励员工的积极参与。

实施战略和实现愿景

- 启动转型,打破第一个孤岛;

- 通过跨学科合作,将数据与 AI 组织逐渐扩散到企业的其他部门;

- 人机协作的新模式需要与时俱进;

- 各个阶段的转型进展需要进行跟踪和管理,需要高层持续关注。

小　结

本书强调了通过数据与 AI 成功推动数字化转型所需要处理的各个方面。在这个过程中，需要考虑的事情极其复杂。领导者不仅需要改变公司原本在做的事情（企业愿景和企业战略，包括公司的商业模式和需要交付的新数据产品组合），还需要改变事情的运作方式（能力、角色和责任、组织、流程、技术、治理和文化变革）。只有强大而有远见的领导力才能实现这一切，领导者要有远见卓识并以身作则，提供适当的教育和培训，为所有员工提供创新的土壤，让他们在转型中发挥自身的作用，从而推动公司沿着数据与 AI 驱动的转型之路前进。如果企业愿意拥抱变革，走上数字化颠覆者铺设的激动人心的道路，就能实现这一目标。依托个体实力和市场优势，企业可以在市场中找到自己的新定位，主动重塑行业的未来。

尾　注

［1］ Vincent, J, Most Americans think artificial intelligence will destroy other people's jobs, not theirs, 7 March 2018. www.theverge.com/2018/3/7/17089904/ai-job-loss-automation-survey-gallup (archived at https://perma.cc/P83S-SVM6)

［2］ Davidson, P, Automation could kill 73 million U.S. jobs by 2030, *USA Today*, 28 November 2017. https://eu.usatoday.com/story/money/2017/11/29/ automation-could-kill-73-million-u-s-jobs-2030/899878001/ (archived at https://perma.cc/ Y6GA-V8C2)

［3］ Harrison, S, AI may not kill your job — just change it, *Wired*, 31 October 2019. www.wired.com/story/ai-not-kill-job-change-it/(archived at https://perma.cc/ TMZ3-KUTJ)

［4］ Hiner, J, AI will eliminate 1.8m jobs but create 2.3m by 2020, claims Gartner, 2

October 2017. www.techrepublic.com/article/ai-will-eliminate-1-8m-jobs-but-create-2-3m-by-2020-claims-gartner/ (archived at https://perma.cc/MG2F-AVQQ)

[5] Siegele, W, Special report: The data economy—A deluge of data is giving rise to a new economy, *The Economist*, 22 February 2020. www.economist.com/special-report/2020/02/20/a-deluge-of-data-is-giving-rise-to-a-new-economy (archived at https://perma.cc/K8VA-HCYM)

[6] Davenport, T H and Mitta, N, How CEOs can lead a data-driven culture, *Harvard Business Review*, March 2020

[7] Manyika, J and Sneader, K, AI, automation, and the future of work: Ten things to solve for, McKinsey Global Institute, June 2018

[8] Wilson, H J and Daugherty, P R, Collaborative intelligence: humans and AI are joining forces, *Harvard Business Review*, 2018, 96 (4) , pp 114–123

[9] Catlin, T, Scanlan, J and Willmott, P, Raising your digital quotient, *McKinsey Quarterly*, 2015, pp 1–14